本书获湖南省哲学社会科学基金（16YBA265）、湖南省教育厅科学研究基金（19A290）资助



湖南师范大学·经济管理学科丛书
HUNANSHIFANDAXUE JINGJIGUANLIXUEKECONGSHU

# 群体应激心理与行为传播建模及管理研究

Research on Modeling and Management to the Spread of Group Stress Psychology and Behavior

陈光华◎著

经济管理出版社
ECONOMY & MANAGEMENT PUBLISHING HOUSE

**图书在版编目（CIP）数据**

群体应激心理与行为传播建模及管理研究/陈光华著.—北京：经济管理出版社，2021.7
ISBN 978-7-5096-8112-1

Ⅰ.①群… Ⅱ.①陈… Ⅲ.①群体心理学—研究 ②群体—社会行为—研究
Ⅳ.①C912.6

中国版本图书馆 CIP 数据核字（2021）第 135887 号

组稿编辑：杨 雪
责任编辑：姜玉满 王 蕾
责任印制：黄章平
责任校对：陈 颖

出版发行：经济管理出版社
（北京市海淀区北蜂窝 8 号中雅大厦 A 座 11 层 100038）
网 址：www.E-mp.com.cn
电 话：（010）51915602
印 刷：唐山昊达印刷有限公司
经 销：新华书店
开 本：710mm×1000mm/16
印 张：12.75
字 数：170 千字
版 次：2021 年 9 月第 1 版 2021 年 9 月第 1 次印刷
书 号：ISBN 978-7-5096-8112-1
定 价：78.00 元

# 目录 CONTENTS

第一章

# 绪论

本书聚焦于研究群体应激心理与行为传播建模及管理问题，分析群体应激心理与行为形成过程中内因与外因诸要素的相互作用和联系、群体应激心理与行为的传播机制与演化规律，提炼有效应对群体应激心理与行为传播的管理策略和措施。

## 第一节
## 研究背景和意义

强化公共安全保障是国家的重大需求，公共安全是充分体现“以人为本”、人民利益高于一切的公益性事业，是国家安全的重要基石，也是经济社会良性发展和国家管理正常运行的重要保障。紧急事件应急管理是公共安全保障的核心问题。紧急事件的起因各不相同，简要地归纳为天灾或人祸，换言之，一部分或是由于自然环境因素造成的，如冰雪、高温等极端天气气候、地震、洪水、干旱等；另一部分或是由人为因素造成的，如拥挤踩踏、火灾等（范维澄，2007）。这些紧急事件的发生不仅给社会经济造成损失，而且对人们的心理与行为也会产生重要的影响。紧急事件导致外部环境发生突变，公众受知识、经验以及认知能力的限制，在有限的时间和资源的约束下，产生焦虑不安心理，失去了正常的逻辑判断和理性思维能力，可能产生相应的非理性群体应激心理与行为，非理性群体应激心理能使民众的认知能力急剧下降，行为能力受挫，甚至出现认知失调，表现出盲目从众、不知所措等状态。应急心理与行为的科学问题是应急管理中的五大板块核心科学问题之一。因此，当前积极开展对非理性群体应激心理与行为传播的机理与规律以及积极、有效的应急管理措施进行深入研究，以加强防控非理性群体应激心理与行为发生与传播，最大限度地减少由非理性群体应激心理与行为所导致的生命、财产损失的相关研究显得极为迫切和重要。

深入研究非理性群体应激心理与行为是创新社会管理的需要。加强和完善相应的应急管理工作，是维护国家安全、社会安定和人民群众利益的重要保障，提高应对各类紧急事件的能力，使人民群众的生命财产损失降至最低程度是应急管理的重要目标之一。

深入了解紧急状态下群体应激心理与行为的演化规律是制定合理而有效的管理措施的首要条件。探索群体应激心理与行为的演化规律对完善应急管理机制，提高现代化应急管理能力与风险治理能力，实现人民幸福、国家富强具有重大意义。

目前，关于非理性群体应激心理与行为传播的相关研究主要集中在社会学、心理学角度的定性分析研究，而关于非理性群体应激心理与行为传播的机理、传播过程与规律的相关定量分析研究则相对较少，寥寥无几。

本书考虑采取定量分析的研究方法，研究群体应激心理与行为传播的建模与管理策略，涉及传播学、应急管理学、社会心理学、非线性动力学、行为科学、信息科学等多学科理论，借鉴经典的传染病动力学思想，构建群体应激心理与行为传播动力学模型以刻画群体应激心理与行为传播过程，并运用系统动力学理论研究所建模型的动力学稳定性，运用数学建模与计算机仿真方法分析群体应激心理与行为产生的原因、传播过程和特征，对群体心理认知与行为模式和应急管理部门如何有效防控群体应激心理与行为传播等方面进行相关研究。

# 第二节

## 研究思路

本书主要遵循首先观察现象，其次从现象中抽象出模型，再次分析模型，最后将模型分析结果用于指导实践的科学研究思路（见图 1-1）。

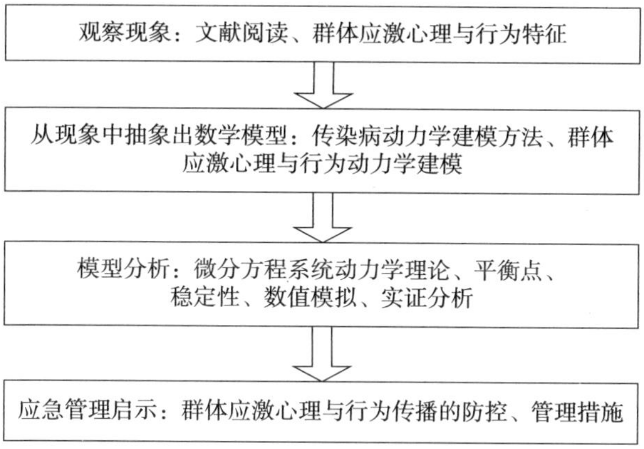


**图 1-1　本书研究思路**

本书的研究主题是群体应激心理与行为传播建模及管理问题，需要运用交叉学科的原理和方法，主要涉及心理学、传染病动力学、信息传播学和管理学等学科。笔者将借助这些学科原理及方法，比较系统地研究群体应激心理与行为传播建模及管理问题。

具体而言，首先，对文献资料进行分类研究，观察、分析、归纳群体应激心理与行为发生的原因、传播过程、现象与特征，思考已有的研究中尚未解决或难以解决的问题；其次，借鉴经典的传染病动力学思想，结合案例分析与研究，总结、抽象并提出与实际紧密联系的相关群体应激心理与行为传播动力学模型；再次，对所建动力学模型的相关稳定性进行数理分析，并分别通过数值模拟验证模型的相关理论分析结果的正确性；最后，提出相关应急管理建议。

在理论方面，本书研究成果能丰富应急管理的研究内容，并完善应急管理研究的相关理论与方法；在实践方面，本书研究成果将为相关应急管理部门制定相关管理措施提供参考建议。

## 第三节 技术路线

本书的技术路线图如图 1-2 所示。

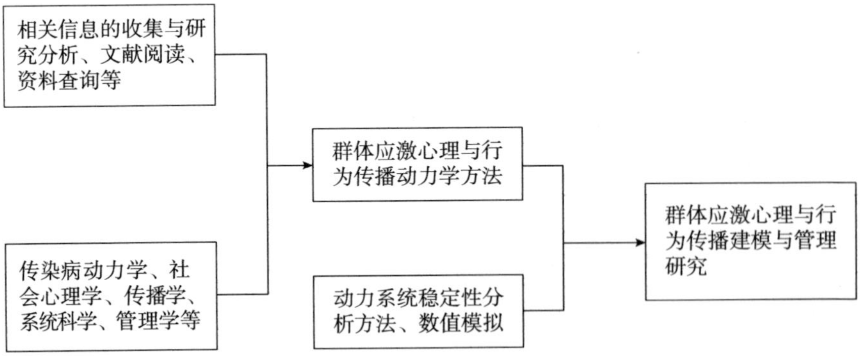


**图 1-2　本书技术路线图**

本书的技术路线是基于传染病动力学、社会心理学、传播学、系统科学等交叉学科研究方法，运用于群体应激心理与行为传播研究中，即形成群体应激心理与行为传播研究方法，考虑构建群体应激心理与行为传播模型，并结合非线性动力系统稳定性分析和数值分析方法研究所构建模型的稳定性，并通过相关数值模拟以研究不同管理策略对群体应激心理与行为传播的控制作用，进而为应急管理部门制定有效的防控群体应激心理与行为传播策略提供管理建议。

## 第四节 研究内容与研究框架

本书着眼于为应急管理部门应急管理机制的构建和应急反应策略的制定提供理论依据与参考建议，主要研究群体应激心理与行为传播建模及管理问题。

本书运用社会学、心理学、系统科学等多学科知识，分析了群体应激心理与行为的特征、群体应激心理与行为的形成与直接动因、传播机理。

在此基础上，本书借鉴经典的传染病动力学思想，分别构建了两个不同类型的群体应激心理与行为传播动力学模型以刻画相应的群体应激心理与行为传播过程，对所建模型的动力学稳定性进行了相关理论分析，并通过数值模拟验证了相关理论分析结果。对群体应激心理与行为模式、群体应激心理与行为的产生和传播机理、应急管理部门的应对策略和措施等方面进行了相关研究。

根据研究内容的特点，本书将研究内容分为六章：

第一章，绪论。说明了本书的研究背景和意义，提出研究问题，以及可以预期的应用前景和理论意义；并概述了主要研究思路、技术路线、研究内容和研究框架等。

第二章，相关理论及文献综述。在本章中，对国内外相关研究文献进行综述，包括传染病动力学研究及其进展、动力系统稳定性理论、应激相关研究文献述评、不实信息传播理论与不实信息传播动力学模型研究述评以及与应急管理相关研究述评。

第三章，研究方法与模型。概括了传染病动力学模型的基本形式、非理性群体应激心理与行为传播动力学方法、数学模型方法、计算机方法。本章内容主要是为第四章、第五章做理论准备与铺垫。

第四章，ILSAR 型群体应激心理与行为传播建模及管理。分析了非理性群体应激心理与行为的直接动因、形成过程，探讨了非理性群体应激心理与行为状态之间的转化关系，在此基础上，借鉴传染病动力学建模的思想，考虑构建一类 ILSAR 型非理性群体应激心理与行为传播动力学模型以刻画非理性群体应激心理与行为传播的过程。

对所建模型的动力学稳定性进行了相关数理分析和数值实验，一方面，数值实验结果验证了相关理论分析结果的正确性；另一方面，通过数值实验考察了不同管理策略对非理性群体应激心理与行为传播过程的影响作用，并为应急管理部门制定应对非理性群体应激心理与行为传播的策略提供了一些管理建议。

第五章，XYZR 型群体应激心理与行为传播建模及管理。考虑构建一类具有潜伏期的 XYZR 型不实信息传播动力学模型，以刻画群体非理性应激心理与行为传播的过程，运用微分动力系统理论分析了群体非理性应激心理与行为传播模型的平衡点及其稳定性，利用 Routh-Hurwitz 判据、李雅普诺夫函数方法、LaSalle 不变集原理和李雅普诺夫直接法研究了所建模型的动力学稳定性。

对所建模型进行了相关数值实验，直观地分析群体非理性应激心理与行为的传播过程，揭示群体非理性应激心理与行为传播的规律，分析了影响群体非理性应激心理与行为传播的关键因素。一方面，数值实验结果验证了相关理论分析结果的正确性；另一方面，通过数值实验考察了不同管理策略对群体非理性应激心理与行为传播过程的影响作用，为应急管理部门应对群体非理性应激心理与行为传播提出了一些管理建议。

第六章，研究结论与未来展望。概括总结了本书的主要研究工作和结论、研究的局限性，并指出进一步的研究计划。

本书研究的基本框架如图 1-3 所示。

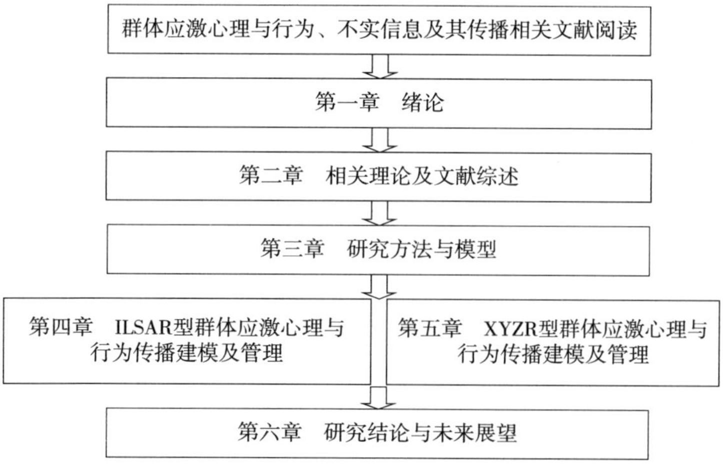


**图 1-3 本书研究的基本框架**

本书的研究框架为：前期准备工作是查找群体应激心理与行为及其传播相关文献资料的收集与分析。第一章是绪论，第二章是相关理论及文献综述，第三章是研究方法与模型，第四章是 ILSAR 型群体应激心理与行为传播建模及管理，第五章是 XYZR 型群体应激心理与行为传播建模及管理。第六章是研究结论与未来展望。

## 本章小结

本章是全书的总体概述，介绍了本书的研究背景和意义、研究思路、技术路线、研究内容和研究框架。

# 第二章

# 相关理论及文献综述

本书运用了传染病动力学方法、传播学、应激心理与行为和应急管理的相关理论。本章分别介绍传染病动力学方法、传播学、应激心理与行为和应急管理的相关研究及其进展。

# 第一节

## 传染病动力学研究及进展

传染病的发生是致病微生物、宿主与环境相互作用的结果。新型传染病疾病的出现是由于微生物在不断的与环境相互作用的过程中对不同的环境信号做出反应，导致其基因表达方式快速地发生改变，如艾滋病、SARS、甲型 H1N1 流感病毒等。另外，由于生态环境的变化和致病微生物与人类的生物学特征变异等因素的影响，使曾经得以控制的疾病（疟疾、霍乱、鼠疫）又重新在小范围内流行。因此，人类与致病微生物之间的斗争将是漫长而持久的。历史上一次又一次的传染病流行对人类生存和健康带来了巨大危害，如黑死病、手足口疫、禽流感等。

传染病动力学的研究起源很早但是并不被人熟知，早在 1760 年著名物理学家 Bemouli 就曾经用数学建模的方法研究了天花病毒的传播，但是针对确定性传染病模型的研究始于 20 世纪。1906 年 Hamer 构造离散时间数学模型来研究麻疹的反复流行过程；1911 年医学博士 Ross 利用微分方程模型对疟疾在蚊子与人中传播的动态行为进行研究，结果表明，如果将蚊子数量控制在一个临界阈值之下，那么疟疾的传播就会得到有效的控制，Ross 也因此获得了当年的诺贝尔医学奖；1926 年 Kemack 研究了 1665～1666 年在伦敦流行的黑死病传播规律及 1906 年在孟买的瘟疫传播规律，其间构造出了至今传用的 SIR 仓室模型，随即在 1932 年提出了经典的 SIS 仓室模型，不仅建立了经典的传染病动力学模型，还提出了判定传染病是否会最终流行的阈值理论，为传染病动力学后续研究打下了坚实的理论基础；传染病动力学的研究在20世纪中期有了飞速的发展，其中最有代表性的是Bailey于1975年出版的专著。

传染病动力学是对传染病的流行规律进行理论性定量研究的一门重要学科。它是根据疾病的发生、种群生长的特性和在种群内传播、发展规律，以及与之相关联的社会因素等，建立能反映传染病发展变化过程和传播规律的数学模型，通过对模型动力学性态的定性、定量分析和数值模拟分析传染病的发展过程，预测疾病发生的状态，揭示其流行规律，分析疾病流行的原因和考察相关的影响因素，评估各种控制措施的效果，寻求其预防和控制的最优策略，为防治决策的制定提供理论依据。目前，已经存在多个病毒传播模型在公共健康政策的决策中产生了重要影响并发挥了积极作用。与传统的生物统计学方法相比，动力学方法能更好地刻画疾病流行过程中的一些全局性态，描述疾病的传播机理，揭示疾病流行的一般规律。传染病动力学与计算机仿真、生物统计学等方法的相互结合、相辅相成，使我们对疾病流行规律的认识更加深入、更为全面，能使所建立的理论与防治策略更符合实际、更为可靠，从而更好地用于指导实践、服务于实践。

在传染病流行期间，人们十分关心感染者、患病者与治愈者的人数等信息，在建立传染病模型时自然将传染病流行范围内的人口分为不同类型（仓室，compartment），如易感者（Susceptible）类、感染者（Infectives）类、移出者（Removed）类、潜伏者（Exposed）类，针对不同疾病的传播机理，将宿主适当分类，弄清楚各类宿主的转换关系，就可以建立起相应的传染病模型，进而利用模型和已有数据来研究。

对传染病流行规律和发展趋势的数学建模与定量研究已有多年历史。早在1706年Bernoulli就运用数学方法研究牛痘接种对天花的防治。1906

年 Hamer 为了弄清楚麻疹反复流行的原因，构造并分析了一个离散时间模型，揭示了麻疹流行病主要依赖于易感者和感染者的接触率。Soper 推广了 Hamer 和 Ross 的思想，研究结果揭示了流行病爆发周期的潜在机理。在传染病动力学中，长期以来主要使用的数学模型是仓室模型，该模型的基本思想由 Kermack 和 Mckendrick 于 1927 年首先创立。

下面以 1927 年 Kermack 和 Mckendrick 建立的经典 SIR 仓室模型为例来说明仓室模型的建模思想，针对某类传染病将所考虑地区的宿主划分为三类（仓室）：①易感者类，其数量记为 $S(t)$，表示 $t$ 时刻对疾病不具有免疫力的未染病但有可能被疾病感染的个体。②感染者类，其数量记为 $I(t)$，表示 $t$ 时刻已经被疾病感染，并且具有传染力的个体数。③移出者类，其数量记为 $R(t)$，表示 $t$ 时刻已经从感染者中移出（康复）的个体数。

宿主所有个体的总数记为 $N(t)$，则有：

$$N(t)=S(t)+I(t)+R(t) \tag{2-1}$$

Kermack 和 Mckendrick 的 SIR 模型的建立基于以下三个基本假设条件：

（1）未考虑人口的出生、死亡、迁移等人口动力学因素，且环境内总人口数保持不变，即：

$$S(t)+I(t)+R(t)=K \tag{2-2}$$

（2）一个感染者与易感者接触则必具传染力。设 $t$ 时刻单位时间内一个感染者能传染的易感者数目与此时刻易感者的数量 $S(t)$ 成正比，比例系数为 $\beta$，则在 $t$ 时刻单位时间内被全体感染者传染的人数（新的感染者人数）为 $\beta S(t)I(t)$。

（3）$t$ 时刻单位时间内从感染者类移出的人数与感染者数量成正比，比例系数为 $\gamma$。$\gamma$ 为移出率系数，表示单位时间内移出者在感染者中所占的比例，从而单位时间内移出者数量为 $\gamma I(t)$。

在上述三个基本假设条件下，易感者经历感染后到移出的过程的模型流程图如图 2-1 所示：

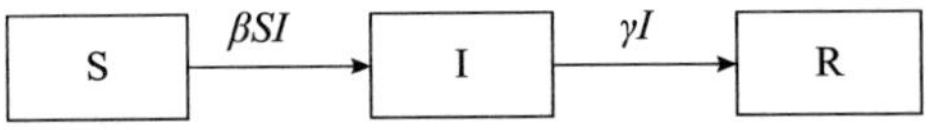


**图 2-1　SIR 模型流程**

其相应的数学模型为：

$$\begin{cases}\dfrac{dS}{dt}=-\beta SI\\[2ex]\dfrac{dI}{dt}=\beta SI-\gamma I\\[2ex]\dfrac{dR}{dt}=\gamma I\end{cases}\tag{2-3}$$

求解上述微分方程可以分别得到 $t$ 时刻 $S(t)$、$I(t)$、$R(t)$ 的人数。该模型的基本再生数为：

$$R_0=\beta S(0)/\gamma\tag{2-4}$$

之后他们又于 1932 年提出了另一个经典传播动力学模型——SIS 仓室模型，并基于所建立的动力学模型提出了决定疾病流行与否的“阈值理论”：若种群中易感者数量高于阈值，传染病将持久存在；低于阈值时，传染病将趋于灭绝。“阈值理论”的重要性在于为预防流行病的传播提供了重要的理论依据。

$$\begin{cases}\dfrac{dS}{dt}=-\beta SI+\gamma I\\[2ex]\dfrac{dI}{dt}=\beta SI-\gamma I\end{cases}\tag{2-5}$$

上述 Kermack 和 Mckendrick 的经典 SIR、SIS 仓室模型的提出为传染病动力学的研究奠定了重要基础，直到现在 Kermack 和 Mckendrick 的仓室模型的基本思想仍被广泛使用和不断地发展着。

仓室模型适用于人群均匀混合、流行病偶然接触传染率高的情形，但对于人口空间分布不均匀的复杂社会结构人群或具有特殊传播方式的流行病而言，仓室模型则不适用于此类情形（马知恩等，2004）。

## 第二节 传染病动力学中的基本概念及模型

### 一、基本概念

（1）接触率（contact rate）：单位时间内一个感染者与其他成员接触的次数称为接触率，它通常依赖于环境中总成员数 $N$，记作 $U(N)$。如果被接触者为易感者，就有可能被传染。

（2）有效接触率（adequate contact rate）：如果被接触者为该病易感者，就会发生一定程度的传染，这种有传染概率 $\beta_0$ 的接触称为有效接触，这时的接触率称为有效接触率，即 $\beta_0 U(N)$。它表示一个患病者传染他人的能力，反映了患者的活动能力、环境条件以及病菌的毒力等因素。

（3）发生率：假设病人只可能传染疾病给易感者，易感者 $S$ 占总人口 $N$ 的比例为 $S/N$，则每个病人对易感者的有效接触率为 $\beta_0 U(N)S/N$，称之为传染率。$t$ 时刻在单位时间内被所有病人传染的人数为 $\beta_0 U(N)\ S(t)/N(t)$，称之为疾病的发生率。常见的发生率有双线性发生率 $\beta SI$ 和标准发生率

$\beta S(t)I(t)/N(t)$。

介于双线性发生率和标准发生率之间，还有一种可能更接近于实际的接触率 $U(N)=\alpha N/1+\omega N$，称之为饱和接触率。当 $N$ 很小时，$U(N)$ 与 $N$ 近似成正比；随着 $N$ 的增大而逐渐达到饱和，当 $N$ 很大时，它近似趋于常数 $\alpha/\omega$。Greenhalgh 等（2000）提出的 $U(N)=\alpha N/1+bN+\sqrt{1+2bN}$ 也是一种饱和形式的发生率。上述具体的接触率都有以下共同特征：$U(N)=0$，$U'(N)\geqslant 0$，$(U(N)/N)'\leqslant 0$。

（4）平均患病率：$1/\gamma$ 的传染病学含义是平均移出时间，也称之为平均患病期。

（5）基本再生数：在传染病动力学模型研究中有一个最为普遍提及的变量之一是 $R_0$，在传染病动力学中，$R_0$ 表示的是基本再生数，它表示当总种群达到稳定的平衡态且个体均为易感者时，引入一个感染者，然后他在平均染病期内所能传染的人数。

基本再生数 $R_0$ 这个概念首先由 George MacDonald 于 1952 年提出。19 世纪 60 年代，Dietz 再次介绍了这一概念。Anderson 和 May（1982）则给出了其详细的定义。一些研究者使用基本再生数 $R_0$ 来校准所建的模型，还有一些研究者使用基本再生数 $R_0$ 来描述其模型的结果。本书的后文将使用基本再生数 $R_0$ 这个重要概念来分析所建模型的动力学性态。

显然，$R_0=1$ 作为疾病是否消亡的阈值，其实际涵义是十分明显的。当 $R_0<1$，即一个病人在平均染病期内能传染的最大人数小于 1 时，模型仅存在无病平衡点，它是全局渐近稳定的，这时疾病就会自然逐步消亡；反之，当 $R_0>1$ 时，模型还存在唯一的全局渐近稳定的地方病平衡点，即疾病将始终存在，并进而形成地方病，这时模型的无病平衡点是不稳定的。因此，有许多研究工作者致力于寻找传染病模型的基本再生数。

基本再生数的计算方法主要有三种：Jacobian 矩阵方法，二代再生矩阵方法，生存概率方法，详细的讨论可以参见 Van den Driessche 和 Watmough（2000）的文章，以及 Heffernan 等（2005）的文章。因此，要防止疾病的流行，必须减少 $R_0$ 使它小于 1。就传染病防控而言，相关传染病防治政策的制定者则经常要将基本再生数 $R_0$ 作为重要参考指标来进行研判与相关决策。基本再生数 $R_0$ 之所以得到广泛应用的其中一个主要原因是基本再生数 $R_0$ 的实际意义通常是比较直观的（马知恩等，2004）。

## 二、基本模型

自 20 世纪中叶以后，众多的学者投入到了传染病动力学建模的相关研究工作中，并取得了一些好的研究成果。其中标志性的著作成果是 Bailey 于 1957 年出版了第一本系统性介绍传染病动力学相关理论的专著《数理流行病学》，该书的英文名称为 *The mathematical theory of infectious diseases and its applications*，之后于 1975 年出版了该书的第二版。Whittle（1955）和 Becker（1979）分别考察了确定性与随机性两类动力学模型中的阈值理论。

早期的研究者们主要是利用常微分方程描述传染病动力学模型，主要研究 SIS、SIR、SIRS、SEIR 模型等。模型的理论研究主要集中在解的适定性，疾病的持续存在，极限环的存在性，平衡点位置特别是导致地方病的平衡点位置和周期解的存在性和稳定性，再生数以及分支点的寻找等动力学性态。一般传染病模型至少有两个平衡点，无病平衡点和地方性平衡点，如果系统的解曲线趋向于无病平衡点，则表示传染病不在人群中传播，会慢慢消失，如果解曲线趋向于地方性平衡点，则意味着疾病在人群中持续存在不会消亡。如果模型展示了周期解，说明疾病是存在的，不会消失，病人数会周期性变大或者减小。分支现象表明传染病的不确定性，传染病的某个因素，某个参数有微小的变化时，疾病的流行状态可能会发生很大变化，会使疾病趋向于不同的情况，或者地方性的平衡点，或者是周期性的，或者无病平衡点，具体情况与系统的最初感染人数有关。Mollison（1977）提出了传染病传播的一类空间接触模型。Wickwire（1977）研究了控制理论在传染病模型中的相关应用。还有多位学者研究了动力学模型中的基本再生数的参数估计，以及如何利用基本再生数来分析影响疾病传播的因素，从而实现对疾病传播的有效防控。近20年来，国际上传染病动力学的研究进展迅速，大量的数学模型被用于分析各种各样的传染病问题，这些模型涉及接触传播、垂直传播、虫媒传播等不同传播方式，也考虑疾病的潜伏期，因病死亡率、密度制约、年龄结构、病人的隔离、不同种群间的交叉感染、接种免疫、空间迁移或扩散等因素。目前，传染病模型的理论研究主要集中在疾病是否持续生存，平衡点位置特别是地方病平衡点的平衡位置，周期解的存在性与稳定性，基本再生数的估计计算和利用基本再生数来分析疾病流行的影响因素，从而实现疾病的控制和消除，以及分支点的寻找等动力学性态。Brauer 和 Van den Driessche（2001）考察了感染者迁移情形下的疾病传播模型；Truscott（1997）等研究了具有最初和二次感染机理的作物中的菌根模型；Xiao 和 Chen（2002）、In-aba（2007）考虑了年龄结构对传染病传播的影响；Wang（2006）、Zhang 和 Liu（2009）分别提出了考虑治疗策略的传染病模型，并研究了所建模型的向后分岔行为；Reluga 等（2006）、Cojocaru 等（2007）提出了一类接种疫苗策略下的模型，并从博弈论角度分析了模型的动力学性质；Ahmed 和 Agiza（1998）、Zhang 和 Teng（2008）、Song 等（2007）、Xiao 和 Liu（2008）考虑了疾病的潜伏和免疫的丧失等因素对疾病传播的影响并建立了时滞传染病模型。

早期的传染病模型中的有些假设和实际生活中的具体情况是不相符的，而且有些传染病的现象不能被模型所解释，所以，近些年来研究者们将各种不同的动力学因素引入到传染病模型当中，例如非线性传染率、阶段结构、是否预防接种、是否对患者进行隔离治疗、时滞因素等，使模型更加向实际情况靠拢，同时也得到了更加丰富的动力学现象。由于任何传染病模型与现实都存在一定差异，只能是在一定程度上的理想化模型，因此许多学者致力于完善各种传染病模型，以便使它们更接近实际情况。

（1）基于疾病发生率的传染病模型。疾病发生率是传染病动力学中的一个重要概念，它的表达形式对模型的准确性有着很大的影响。最基本的疾病发生率函数是 Kermack 和 McKelldrick 在建立的 SIR 中提出的双线性发生率 $\beta SI$ 以及标准发生率 $\frac{\beta SI}{N}$。由于这种简单函数并不能很好地解释传染病中的许多现象，因此不少学者提出了一些更为合理的非线性发生率函数，如 $\beta S^p I^q$，$\beta SI(1+I)$，$\frac{kI}{1+\alpha I}$，$\frac{kI^2 S}{1+I^2}$。胡志兴等（1997）研究了一类具有非线性发生率 $\frac{kI^p S}{1+\alpha I^q}$ 的 SIRS 传染病模型的正不变集、平衡位置以及平衡位置的稳定性。Liu 等（1986）研究了一类非线性发生率 $\beta S^p I^q$ 的传染病模型。Ruan 和 Wang（2003）研究了一类非线性发生率为 $\frac{kI^2 S}{1+I^2}$ 的传染病模型，并做了详细的定量分析与分岔分析。

（2）具有潜伏期的传染病模型。很多疾病在易感者被感染的初期可能存在着一定时间的潜伏期。如果潜伏期的时间很短，我们在传染病模型中就可将它忽略。但是，如果潜伏期的时间很长，以至于对疾病的预测会产生重要的影响。考虑传染病在传播过程中存在一个潜伏期，即个体在传染后在尚未发病之前具有一个潜伏阶段，例如对传染性肝炎而言，易感者与感染者接触后可能不会立即出现明显疾病的症状，而是在其转化为明显症状患者（感染者）前有一个潜伏期。对于这种存在潜伏期的情形，很多学者进行了相关的研究。Li 等（1999）研究了一类 SER（患病后可以治愈）模型和一类 SEIR（病人康复后具有永久免疫力）模型；Bame 等（2008）研究了一类 SEIS 模型（病人康复后仅有暂时免疫力模型）。Li 等（2002）考虑了一类在添加种群动力学因素、总人口变动的条件下，具有双线性发生率的 MSEIR（有先天免疫，无垂直传染）模型。Li 和 Wang（2002）研究了具有标准发生率的 SEIR 模型的全局稳定性。Fan 等（2001）研究了具有常数输入和双线性的传染率 SEIS 模型，也用类似的方法证明了各类平衡点的全局稳定性。Zhang 和 Ma（2003）考虑了具有饱和接触率的 SEIR 模型的全局性态。Li 和 Zhen（2005）考虑了具有一般接触率的 SEI 模型的全局性态。

（3）含隔离期或预防接种的传染病模型。为了控制和预防传染病的传播，往往采取对染病者进行隔离或对易感者进行预防接种等措施。Wu 和 Feng（2000）研究了带有隔离的 SIR 模型，发现该模型具有同宿分支。Hethcote 等（2002）对带有隔离的 SIS 模型和 SIR 模型进行了讨论，其中一些模型会通过 Hopf 分支产生周期解。Thieme 和 Feng（2000）考虑了带有隔离的 SEIR 模型，也发现该模型在适当条件下会通过 Hopf 分支产生周期解。Li 和 Ma（2002）对一类具有总人口变化和疫苗接种的 SIS 模型进行了定性分析。Fonda（1998）研究了具有脉冲预防接种的 SIR 模型，得到了基本再生数，并证明了该模型的无病平衡点的局部渐近稳定性。Hyman 和 Li（2000）讨论了预防传染病的群体免疫最优策略。Esteva 和 Vargas（1998）对儿童传染病的多阶段接种建立了偏微分系统，并讨论了预防接种的最优策略。Mena-Lorcat 和 Hethcote（1992）讨论了具有新生者和易感者接种的 SEIRS 模型，对平衡点的局部稳定性和 Hopf 分支进行了分析。

（4）带有时滞的传染病模型。时滞可以模拟传染病的潜伏期、患者对疾病的感染期和恢复者对疾病的免疫期。具有时间滞后（简称时滞）的数学模型反映的基本事实是：$t$ 时刻的运动变化规律，不仅取决于 $t$ 时刻本身，还受到 $t$ 时刻以前某些情况的影响，甚至是以前某种因素的反应。Cooke 和 Yorke（1973）研究了一类带有时滞的 SIS 模型。Yoshida 和 Hara（2007）研究了考虑出生和死亡率且带有密度制约的时滞 SIR 模型，并分析了该模型的全局稳定性。Gao 等（2008）研究了一类带有时滞的传染病模型的脉冲接种问题。

（5）具有年龄结构的传染病模型。具有年龄结构的传染病模型的主要特点是将人口或生物个体按其生理年龄进行分类，以便更好地反映个体的主体生理特征和影响疾病传播方面的差异，这些模型则在描述与年龄有关的疾病的传播规律时将更加有效和实用。Sharp 和 Lotka（1911）早在 1911 年就研究了具有年龄的流行病模型，分析了年龄结构对于传染病传播的影响。国内学者陆忠华等（2003）、Xiao 和 Chen（2002）研究了不同的生理阶段的个体，如婴儿、幼年、青壮年、老年等对于传染病传播的影响，探讨年龄结构对于传染病传播的影响。

（6）传染病模型的分岔问题。Dushoff 等（1998）、Van den Driessche 和 Watmough（2000）研究了一类传染病模型的后向分岔；Zhang 等（2010）同时考虑传染病在成年人中传播的 SIRS 模型的 Hopf 分岔；Wang 和 Ruan（2004）在考虑到对患者进行治疗，而这种移出率是一个常数的形式，得到了传染病模型中的一个新的分岔情况 Bogdanov-Takens 分岔。

## 三、模型的研究方法

传染病模型研究采用的方法有矩阵理论、李雅普诺夫（Lyapunov）函数法、极限方程理论、分支理论、序单调系统理论、中心流形理论等，计算机仿真也得到广泛地使用。在本书后文中主要用到的研究方法是李雅普诺夫（Lyapunov）函数法，下面将着重介绍此方法。

在常微分方程理论中，李雅普诺夫函数是可用来证明常微分方程平衡点（equilibrium point）稳定性的标量函数（scalar function）。李雅普诺夫函数是以俄国数学家亚历山大·李雅普诺夫（Aleksandr Lyapunov）的名字命名，也称为稳定性的李雅普诺夫第二方法或李雅普诺夫直接法。李雅普诺夫函数在稳定性理论及控制理论中相当重要。如果某个函数可以证明某个动力系统在某平衡点的稳定性，此函数称为李雅普诺夫候选函数（Lyapunov-candidate-function）。不过目前还找不到一般性的方式可建构（或找到）一个系统的李雅普诺夫候选函数，而找不到李雅普诺夫函数也不代表此系统不稳定。在动态系统中，有时会利用守恒律来建构李雅普诺夫候选函数。

对于控制系统，稳定性是需要研究的一个基本问题。在稳定性理论方面，李雅普诺夫稳定性理论具有十分重要的地位。

李雅普诺夫稳定性理论能同时适用于分析线性系统和非线性系统、定常系统和时变系统的稳定性，是更为一般的稳定性分析方法。李雅普诺夫稳定性理论主要指李雅普诺夫第二方法，又称李雅普诺夫直接法。李雅普诺夫第二方法可用于任意阶的系统，运用这一方法可以不必求解系统状态方程而直接判定稳定性。对非线性系统和时变系统，状态方程的求解常常是很困难的，因此李雅普诺夫第二方法就显示出很大的优越性。与第二方法相对应的是李雅普诺夫第一方法，又称李雅普诺夫间接法，它是通过研究非线性系统的线性化状态方程的特征值的分布来判定系统稳定性的。第一方法的影响远不及第二方法。在现代控制理论中，李雅普诺夫第二方法是研究稳定性的主要方法，既是研究控制系统理论问题的一种基本工具，又是分析具体控制系统稳定性的一种常用方法。李雅普诺夫第二方法的局限性，是运用时需要有相当的经验和技巧，而且所给出的结论只是系统为稳定或不稳定的充分条件；但在用其他方法无效时，这种方法还能解决一些非线性系统的稳定性问题。

# 第三节 传染病动力学系统稳定性理论

本书的模型研究中涉及传染病动力学系统稳定性理论，下面，对传染病动力学系统稳定性基本理论作简要介绍。

## 一、传染病动力系统稳定性相关概念

所谓稳定性，是指原来处于平衡状态的系统，在受到扰动作用后，经过一段过渡过程能否恢复到原来的平衡状态或足够准确地恢复到原来的平衡状态的性能。若系统能恢复到原来的平衡状态，则称系统是稳定的；若干扰消失后系统不能恢复到原来的平衡状态，偏差越来越大，则系统是不稳定的。如果当时间趋于无穷大时，所有这些受扰运动均恢复到原平衡状态，则称系统是渐近稳定的。如果对任意初始扰动引起的受扰运动，系统都能随时间趋于无穷大而恢复到平衡状态，则称系统是全局或大范围渐近稳定的。如果充分小的初始扰动只引起系统偏离平衡状态的充分小的受扰运动，则称系统是稳定的。对于传染病动力学模型的研究，主要是通过研究传染病动力学模型的平衡点来判定疾病发展趋势是流行还是趋于消灭。一般而言，传染病动力学模型存在两个平衡点的情形较为常见，一个是无病平衡点，即疾病消亡的情形；一个是地方病平衡点，即疾病将在一定区域内存在并流行。对平衡点的稳定性进行分析，探讨保证传染病传播系统稳定的条件。

## 二、传染病动力系统稳定性的判定准则

本书后文中的群体应激心理与行为传播动力学模型的稳定性判定主要是使用 Routh-Hurwitz 准则，线性系统稳定的充分必要条件是它的特征方程式的所有根均为负数或具有负的实数部分；或者说，特征方程式的所有根均在复数平面的左半部分。下面介绍一些相关概念：

（1）设微分方程：

$$\frac{dx}{dt}=f(t,\ x),\ x(t_0)=x_0,\ x\in R^n \tag{2-6}$$

满足解的唯一性条件，其解 $x=x(t,\ t_0,\ x_0)$ 的存在区间 $(-\infty,\ +\infty)$，$f(t,\ x)$ 还满足条件 $f(t,\ x_i)=0$，$x=x_i$ 是系统的平衡点。

**定义 2-1**：若对任意给定的 $\varepsilon>0$，都能找到 $\delta=\delta(\varepsilon,\ t_0)$，使当 $\|x_0\|<\delta$，如果式（2-6）的解 $x=x(t,\ t_0,\ x_0)$ 满足当 $t\geqslant t_0$ 时，$\|x=x(t,\ t_0,\ x_0)\|<\varepsilon$，则称式（2-6）的零解是稳定的，否则称零解是不稳定的。

**定义 2-2**：设 $U$ 是 $R^n$ 中包含原点的一个开区域，对所有的初值 $x_0\in U$，和任意的给定 $\varepsilon>0$，总能找到一个 $T=T(\varepsilon,\ t_0,\ x_0)$，使 $t\geqslant t_0+T$ 时，有 $\|x=x(t,\ t_0,\ x_0)\|<\varepsilon$ 成立，称 $U$ 为式（2-6）的一个吸引域，称式（2-6）的零解是吸引的。

（2）全局渐近稳定。若式（2-6）的零解是稳定的，又是吸引的，则称式（2-6）的零解是渐近稳定的。如果吸引域是在某点的局部范围内，则称式（2-6）的零解是局部渐近稳定的；如果吸引域是整个 $R^n$，称式

（2-6）的零解是全局渐近稳定或简称全局稳定的。当零解不是稳定时，称它为不稳定。

设有自治微分方程：

$$\frac{dx}{dt}=f(x),\ f(0)=0,\ x\in R^n \tag{2-7}$$

若有原点的邻域 $U$ 和一个正定函数 $V(X)$，使 $V(X)$ 半负定的，则式（2-6）的零解是稳定的；如有 $V(X)$ 负定时，则称式（2-6）是渐近稳定的。

李雅普诺夫稳定平衡点的直观几何意义是：如果一个平衡点为李雅普诺夫稳定的，表示若动力系统状态函数（微分方程的解函数）的初值“足够接近”平衡点，则它会永远维持在平衡点附近任意小的范围里（距平衡点的距离不超过任意选择的正实数 $\varepsilon$ ）。

渐近稳定的直观几何意义是，初值足够接近平衡点的状态函数，不但维持在平衡点附近，而且最后会收敛到平衡点。

指数稳定的直观几何意义是，状态函数不但最后会收敛到平衡点，且收敛速度不慢于某种指数递减的速度。

（3）Lyapunov-LaSalle 不变集原理。设 $V(X)$ 是 $R^n$ 的正定函数，且为无穷大正定（ $\|x\|\to\infty$ ，$V(X)\to\infty$ ），$V(X)$ 沿着式（2-7）轨线的全导数 $\dot{V}(X)$ 半负定，且集合 $E=\{x\in R^n\mid \dot{V}(X)=0\}$，不含式（2-7）的任何非平凡解，则式（2-7）的平衡点 $x=0$ 是全局渐近稳定的。

（4）加性复合矩阵的相关理论。书中笔者要用到加性复合矩阵来讨论动力学系统的渐近性态，这里先给出加性复合矩阵的一些简单介绍。首先，给出加性复合矩阵的一些相关定义和性质。

设 $A$ 为由实数或复数组成的 $n\times m$ 矩阵，设 $a_{i_1,\cdots,i_k,j_1,\cdots,j_k}$ 为 $A$ 中最小的，它由行 $(i_1,\ \cdots,\ i_k)$ 和列 $(j_1,\ \cdots,\ j_k)$ 决定。其中，$1\leqslant i_1<i_2\cdots<i_k\leqslant n$，

$1 \leqslant j_1 < j_2 \cdots < j_k \leqslant m$。矩阵 $A$ 的第 $k$ 个加性复合矩阵是 $\binom{n}{k} \times \binom{m}{k}$ 矩阵，它用字典式顺序来表示是 $a_{i_1,\ \cdots,\ i_k,\ j_1,\ \cdots,\ j_k}$。当 $A$ 是列为 $a_1$，$a_2$，$a_3$，$\cdots$，$a_k$ 的 $n \times k$ 矩阵时，$A^{(k)}$ 是外积 $a_1 \wedge a_2 \wedge a_3 \cdots \wedge a_k$。

当 $n = m$ 时，加性复合矩阵定义如下：

设 $A$ 是 $n \times n$ 矩阵，则 $A$ 第 $k$ 个加性复合矩阵是 $\binom{n}{k} \times \binom{m}{k}$ 矩阵且表示为：

$$A^{[k]} = D\,(I + hA)^{(k)}\mid_{h=0} \tag{2-8}$$

如果 $B = A^{[k]}$，则下面关于 $b_{i,\ j}$ 的公式可由式（2-6）推出。对于任何整数 $i = 1，2，\cdots，\binom{n}{k}$，设 $(i) = (i_1，i_2，\cdots，i_k)$ 是字典式排列中的第 $i$ 个，且 $1 \leqslant i_1 < i_2 \cdots < i_k \leqslant n$。则当 $(i) = (j)$ 时，有 $b_{i,\ j} = a_{i_1,\ i_1} + \cdots + a_{i_k,\ i_k}$；当恰好 $(i)$ 中的一个元素 $i_s$ 不出现在 $(j)$ 中，且 $j_r$ 不出现在 $(i)$ 中时，$b_{i,\ j} = (-1)^{r+s} a_{i_s,\ j_r}$；如果 $(i)$ 与 $(j)$ 有两个或更多元素不同时，$b_{i,\ j} = 0$。最终当 $k = 1$ 和 $k = n$ 时，有 $A^{[1]} = A$ 和 $A^{[n]} = tr(A)$。当 $n = 3$ 时，矩阵 $A^{[k]}$ 表示为：

$A^{[1]} = A$，

$$A^{[2]} = \begin{bmatrix} a_{11} + a_{22} & a_{23} & -a_{13} \\ a_{32} & a_{11} + a_{33} & a_{12} \\ -a_{31} & a_{21} & a_{22} + a_{33} \end{bmatrix},$$

$A^{[3]} = a_{11} + a_{22} + a_{33}$

（5）Routh-Hurwitz 准则：

设给定常系数的 $n$ 次代数方程：

$$a_0\lambda^n + a_1\lambda^{n-1} + a_2\lambda^{n-2} + \cdots + a_{n-1}\lambda + a_n = 0 \tag{2-9}$$

其中 $a_0 > 0$，作行列式：

$$\Delta_1 = a_1,$$

$$\Delta_2 = \begin{vmatrix} a_1 & a_0 \\ a_3 & a_2 \end{vmatrix},$$

$$\Delta_3 = \begin{vmatrix} a_1 & a_0 & 0 \\ a_3 & a_2 & a_1 \\ a_5 & a_4 & a_4 \end{vmatrix}, \cdots,$$

$$\Delta_n = \begin{vmatrix} a_1 & a_0 & 0 & 0 & \cdots & 0 \\ a_1 & a_1 & a_1 & a_1 & \cdots & 0 \\ \cdots & \cdots & \cdots & \cdots & \cdots & \cdots \\ a_{2n-1} & a_{2n-2} & a_{2n-3} & a_{2n-4} & \cdots & a_n \end{vmatrix} = a_n \Delta_{n-1}$$

其中 $a_i = 0$（对一切 $i > n$）。

那么，式（2-9）的一切根均有负实数部分的充分必要条件是下列不等式同时成立：$a_1 > 0$，$\Delta_2 > 0$，$\Delta_3 > 0$，$\cdots$，$\Delta_{n-1} > 0$，$a_n > 0$（马知恩等，2004）。

## 第四节 不实信息传播相关研究与进展

不实信息是一类重要而典型的社会现象，贯穿了整个人类进化史，它的传播在各种人类行为与事务中发挥着重要的作用。人们在不断推动着科技的进步，同样也增加了不实信息产生的可能性。不实信息的传播常导致经济损失、诋毁他人、损害国家形象、社会不稳定，甚至战争。特别是在紧急事件中，不实信息的传播往往导致危机升级，不仅会影响人们的正常生活，而且会造成人员的身体受伤，严重时还会危及人们的生命安全。据中国社科院社会科学文献出版社和上海交通大学舆情研究实验室联合发布的2013年舆情蓝皮书《中国社会舆情与危机管理报告（2013）》称，对3115个有效样本的分析显示，2010～2012年，平均约有7.87%的突发公共事件中曾出现过不实信息，每年占比依次为6.4%、9.2%、8.0%。不实信息的传播对突发公共事件的传播热度、发展演变，仍带来较大影响。然而至今人们对于不实信息这一典型的社会现象还没有一个准确且清晰的认知。因此，有必要对此进行深入的研究与探讨。从历史的角度而言，不实信息经常出现在突发公共卫生事件（如SARS、禽流感事件）、突发自然灾害事件（如地震）、突发环境污染事件（如辐射、PX项目）中，而且与这些紧急事件中群体应激心理与行为的产生与传播有着千丝万缕的联系，后文中将介绍有关不实信息及其传播理论以及不实信息传播动力学模型研究进展。此外，国内外曾有众多的社会学、传播学、心理学方面的学者研究过不实信息现象，后文中将介绍一些具有代表性和借鉴价值的相关研究。

## 一、不实信息的定义

古往今来，人们对不实信息概念的界定意见不一。“不实信息”一词可溯源于我国古代书籍《后汉书》，既有歌颂、赞颂之意，如“诗守南楚，民作摇言”（《后汉书杜诗传赞》）；也有诋毁、诽谤之意，如“在政烦忧，瑶言远闻”（《后汉书刘焉传》）。《辞海》中关于不实信息的解释是：“不实信息是指没有事实根据的传闻或捏造的信息。”《现代汉语词典》中对不实信息的定义为：“没有事实根据的消息。”《韦伯斯特英文大字典》中对不实信息的定义为：“一种缺乏真实根据，或未经证实、公众一时难以辨别真伪的流言、传闻或意见。”维基百科中对不实信息的定义为：“不实信息是一种人与人之间，口耳相传，但缺乏可靠证据支持的陈述或信念。”

有很多国外的学者对不实信息现象进行了研究，给出了他们各自对不实信息的定义：

1902 年，William 对“实验室不实信息”进行了验证研究。

著名心理学家 Junge（1917）认为不实信息是人们潜意识中的表征。他特别强调集体无意识在不实信息传播中发生的作用，由此开创了从心理学角度分析不实信息现象的先河。

Knapp（1944）将不实信息定义为“未经官方证实而流传的为人们所相信的对有关时事情况的陈述”。他整理并系统分析了“二战”期间的上千个不实信息，并在 1944 年出版的 *A Psychology of Rumor* 一书中对不同的不实信息现象进行了分门别类，为关于不实信息的后续研究奠定了重要的理论基础。

Peterson 和 Gist（1951）对不实信息的定义为：“不实信息是针对公众所关心的事物，所感兴趣的事情、事件或问题的未经证实的阐述或解释。”

美国社会科学家 Merton（2006）认为不实信息是一种社会情境，它一旦被很多人相信，相信者群体的规模就会进一步增大，进而对社会结构和社会功能造成影响。

Berenson（1952）从语义的角度关注不实信息传播的规律，认为不实信息是一种具有说服力的信息形态。

Shibutani（1966）认为不实信息是一群人议论过程中产生的即兴新闻。

Fisher（1998）认为不实信息是一种群体行为，为了某一目的而在人际间传播的信息。

Rosnow（1991）认为不实信息是一种公共的信息交流，反映了个人对于某一社会现象的假说，是那些自身安全感缺失而处于焦虑状态的个人为了消除不确定性而进行的一系列尝试。

DiFonzo 和 Bordia（2000）认为不实信息是社会群体在混沌无序时期中为寻求解决问题获得社会认知而展开的一种集群行为。

1947 年，社会学家奥尔波特（Gordon W. Allport）与波斯特曼（Leo Postman）对不实信息的定义是："不实信息是通过人际间口语传播的一种陈述或信念，且是没有公开证据支持的。"该定义将不实信息作为一种动态的而非静止的信息形态来考察，强调了不实信息的"传播性"和"未经证实性"的特征。他在一项关于战争不实信息的研究中使用了顺序传递过程（serial transmission procedure）的实验方法，这一实验范式也被随后一些研究所效仿。奥尔波特曾提出了一个关于不实信息传播的公式：不实信息=（事件的）重要性×（事件的）模糊性；他们在这个公式中指出了不实信息的产生和事件的重要性与模糊性成正比关系，事件越重要而且越模糊，不实信息产生的效应也就越大，换言之，公众认为信息越重要，同时信息越模糊不清，流言就传播得越快。当重要性与模糊性一方趋向零时，不实信息也就会趋于消亡。

1953 年，克罗斯对奥尔波特所提出的上述不实信息传播公式进行了修正，他认为：不实信息=（事件的）重要性×（事件的）模糊性×公众批判能力；在这个公式中，克罗斯加入了公众批判能力的因素，他指出不实信息受众的批判能力也是影响不实信息产生的一个重要因素，公众的批判能力越强，不实信息产生的可能性就越小，反之则越大。

法国学者 Kapferer（1990）对不实信息的定义为："社会中出现并流传的未经官方公开证实或者已经被官方辟谣的信息。"他强调了不实信息的非正式性和非官方性，认为不实信息通过非正常的渠道如口传媒介或散发传单的方式进行传播，而不是通过大众传播媒介方式来传播。后续的研究者们大多采用了奥尔波特和 Kapferer 这两位学者对不实信息的定义。

另外，许多国内的学者也对不实信息现象进行了相关研究。

胡百精（2005）从造谣者的动机入手，将不实信息分为牢骚型不实信息、攻击型不实信息、宣传型不实信息、牟利型不实信息、误解型不实信息五类，并且指出了不实信息的结构由事实信息和意见信息两方面组成，每一个不实信息都有一个“躯体”，也就是最初的事实信息，面对这个信息，群体成员通过不断的“情节化”，而这些情节化的信息越来越多，就形成了不实信息内容的另一个层面，称为意见信息。

刘建明（2001）所理解的不实信息是：“作为舆论出现，是众人传播虚假事件的行为，但多数传播者并不认为是假的。因此它和谎言不一样，说谎者意识到说的是假话，一个或少数人造谣生事仅仅是谎言，而不是不实信息。只有传播虚构事件的人鱼贯而入，达到舆论量，才称为不实信息。”在这一定义中，更强调用传播的效果来鉴定不实信息，同时他还指出了不实信息和谎言的区别之处。

陈力丹（1999）以流言代替不实信息，指出：“流言是公众应付社会生活的一种应激状态，是公众解决疑难问题的不得已形式。”

胡钰（2000）认为“不实信息是一种以公开或非公开渠道传播的对公众感兴趣的事物、事件或问题的未经证实的阐述或诠释，是一种普遍的社会舆论现象”。他认为不实信息有负面的作用，同时也可能有正面积极的作用。

官建文（2006）认为“不实信息是被广泛传播的没有事实根据的消息”。

吕文凯（2008）认为不实信息是一种“负向舆论”，但他提出这种“负向舆论”主要分为三种类型：人民群众抒发不满情绪而编造的不实信息；由统治者编造的欺骗人民群众的反动不实信息；在社会动荡时期，别有用心的人编造的以扰乱民心或牟取私利为目的而编造的不实信息。

从上述几个关于不实信息的定义中，可以总结出不实信息所具有的三个共同特征：①与人们的利益密切相关，引发广泛地关注并旨在使人相信的言论；②未经证实或证伪，无确切的根据或解释；③通过非官方渠道进行传播，如小道消息、流言蜚语或八卦新闻。从本质上而言，不实信息正是由于其未经证实的形态才使其显得扑朔迷离。因此，可将不实信息定义为“通过非官方渠道进行传播且为人们所广泛关注的未经证实或证伪的信息”。

## 二、不实信息传播的条件

1. 信息的需求与有效信息的不足

紧急事件发生初期，社会环境往往会出现非常态的、有威胁性的局面，民众由于受自身及外部环境的限制，不能立即判别道听途说的信息的真实性，出于自我保护的本能，通常会希望通过官方媒体渠道获取权威信息以尽快了解相关危机信息，此时民众处于一种信息“饥渴”状态，通过对周围环境状况的变化趋势的预判来作出相应的应对准备，如果此时管理部门或官方媒体缺位和“失语”，不能满足人们的信息需求，人们此时便倾向于相信小道消息和非官方渠道传出的信息。学者 Gary A. Fine（2001）指出：“不实信息实际上是传播障碍的产物”，这在某种意义上说明有效信息的堵塞或滞后可能导致不实信息的大范围传播。所谓信息的有效性，是指能够解答人们的疑惑从而使人们相信。信息的有效性不足也可能导致不实信息的大范围传播。Schachter 和 Burdidck（1955）也指出，不实信息在以下三种条件下传播：混沌不明朗的认知情形、与重要的事物相关、该事物为群体中大多数成员所关注。社会信息与民众利益息息相关，如果社会信息不能有效公开，民众势必会对事态的进程产生种种盲目性猜测，从而导致不实信息产生。

2. 民众缺乏相应的科学知识

历史上许多因不实信息导致的群体非理性应激心理与行为事件，都是源于人们的封建迷信或对科学的无知。然而，随着现代科技的长足进步、科学知识的日益普及，这类不实信息已经难以再继续兴风作浪。现如今很多的不实信息改头换面，它们往往披着“科学”的外衣，利用普通民众有限的科学知识、对科学的盲目迷信崇拜等心理来蒙蔽、迷惑民众。例如：2011 年初，欧洲大部分地区被近 30 年来最强烈的寒流袭击，低温和大雪造成交通和电力中断；同年 3 月，日本发生 9.0 级地震并引发海啸，造成地震、海啸和核电站事故的复合型灾难；5 月，冰岛格里姆火山喷发，火山灰导致欧洲空中交通一度受阻；2011 年 8 月，由于非洲东北部的“非洲之角”持续遭遇罕见大旱，联合国宣布索马里首都进入饥荒状态，同样是在这一年，全球多个地方出现了动物成批死亡的事件。在美国的路易斯安那州，人们发现大约 450 只死鸟。瑞典西南部的一个镇上，发现 50 只至 100 只已经死亡的寒鸦。在巴西巴拉那瓜海岸附近，科学家发现了至少 100 吨死去的沙丁鱼、大黄鱼和鲶鱼。英格兰肯特郡海滩上，大约有 4 万只死亡的梭子蟹。挪威北部一处海滩上，则有大约 20 吨的死鱼。一些迷信的宿命论者将这些突发事件的原因归结为日食、月食、太阳风暴等天文现象，还有部分民众认为是“世界末日”前兆，这些夸大其词的言论引发了民众的焦虑不安情绪，经由网络论坛、电子邮件、手机短信、博客、推特等互联网渠道进一步放大，导致社会秩序失序。类似的以讹传讹、不实信息滋生蔓延，屡屡引发群体非理性应激心理与行为事件，是民众自身安全感缺失的外在体现和不确定心理的集体释放，是社会管理体制尚不够完善的一种表现，但其根源还在于民众缺乏基本的科学知识。在 2011 年中国民众抢购食盐事件中，不实信息之所以能在数天时间内迅速蔓延至全国多个省份，其中的一个重要原因就是我国的部分普通民众缺乏基本的核辐射科学知识。民众缺乏基本的科学素养给予了不实信息的滋生蔓延以可乘之机。2010年底，中国科学协会公布了第八次中国公民科学素养的调查结果：2010年我国具备基本科学素养的公民比例为3.27%，比2005年的1.60%仅提高1.67个百分点（晓德，2011）。

3. 少数别有用心的人牟取私利

当前，一些不实信息的滋生蔓延往往与经济活动有着密切的联系。少数别有用心的人常常为了牟取私利，不顾违背道德与良心，甚至违反法律规范，蓄意策划、编造不实信息从而引发非理性群体应激心理与行为，哄抬物价、搅乱正常的社会经济秩序进而从中渔利。在2011年中国民众抢购食盐事件中，有迹象表明一些不法盐商故意编造了打着“科学”旗号的不实信息以促使市场的盐价和股票市场上的盐股价在短时间内大幅上涨，进而从中牟取私利。有相关新闻报道称，这场“谣盐”闹剧，再次上演了“提前建仓—不实信息扰乱市场—疯抢导致涨价—高位套现离场”的“不实信息牟利”把戏。

4. 新媒体传播的放大效应

不实信息传播与各媒介发展情况及传播特性有紧密的联系。所谓新媒体指建立在计算机信息处理技术和互联网基础之上，发挥传播功能的媒介总和，其传播的特点是即时性、开放性、匿名性、交互性、个性化、多元化。媒介化社会是当代人类社会的一个重要的时代特征。我们今天所处的时代是一个信息化、媒介化时代，各种社会、政治、经济、文化、生活、娱乐等信息都要从大众传播媒介迅速而广泛地交互传播。人们对大众传播媒介产生了高度的依赖性，大众传播媒介的影响力渗透到社会的政治、经济、文化、思想观念等各个方面。从20世纪的后半期以来，人类传播活动已然进入电子媒介传播时代。微博、推特、虚拟社区等新媒体以其独特的优势在信息传播中扮演着重要的角色，使信息传播能在极短时间内迅速传播，影响力与日俱增。然而，新媒体传播信息的速度快、影响面广却是一把双刃剑，新媒体给人们的日常生活带来极大便利的同时，也为不实信息的迅速传播提供了便利条件，新媒体受制于部分新媒体渠道特性，其信息传递碎片化，传播氛围相对浮躁。因此，对待以新媒体作为信息源首先曝光的舆情事件应当谨慎，尤其是博客、论坛和微博，更易引发不实信息传播。由杂志、广播、报纸、电视等传统媒体首先曝光的舆情事件也不可忽视，仍有大量事件在经由这些传统媒体报道后滋生不实信息。如果已有风险经过媒体的过度渲染与放大，从而会加剧民众非理性应激心理并导致非理性应激行为的发生，此时媒体成为了风险的“助推器”；反之，如果媒体有意识地“缩小”报道已有风险，使已有风险无法准确反映，不能给民众以“预警”信号，从而成为了风险的参与制造者（邵培仁，2007）。

## 三、不实信息传播对紧急事件的影响作用机制

不实信息传播对紧急事件的影响主要通过以下四种作用机制实现的：

1. 不实信息导致认知偏差

不实信息通常以非官方渠道进行传播，危机信息的内容在传播过程被传播者不断加工，从而出现三种形式的变形：一是“选择性过滤”，二是“润色放大”，三是“拟科学合理化”。

所谓“选择性过滤”，是指不实信息在传播过程中受到个体的兴趣偏好和知识、经验等限制和影响。诺贝尔经济学奖得主西蒙（1988）从认知心理学的角度研究了人类决策的基本规律，基于生理学及心理学层面的思考提出了有限理性决策理论，认为人的认知水平受性格、知识、经验、文化以及环境和情境的影响，并直接影响人的决策选择。学者西

蒙认为必须考虑人的基本生理限制，以及由此而引起的认知限制、动机限制及其相互影响的限制。当人们面临一个复杂的、不确定性的决策问题时，由于个体的知识、经验、能力是有限的，此外还有决策时间有限、资源有限等约束条件，人们不可能进行一系列严密的逻辑思量与决策，而会考虑应用直觉或者某些常识对所面临的问题进行简化，立即进行判断与决策。这样的决策遵循“满意”的标准而非“最大”或“最优”的标准，由于采用直觉进行判断与选择，可能产生认知偏差。在互动百科中，认知偏差是指人们根据一定表现的现象或虚假的信息而对他人作出判断，从而出现判断失误或判断本身与判断对象的真实情况不相符合。人们通常愿意接受与自身固有观念一致或接近的信息，对信息的记忆也受个体的需要、态度等因素影响，我们可以称为“选择性偏好”。由于不实信息的受传者也可能会成为传播者，因而在不实信息的传播过程中，这样的选择性偏好造成不实信息的信息内容在传播过程中被层层过滤，而此内容不一定是真实的。

所谓“润色放大”，是指不实信息在再传播过程中不断被传播者润色，加以想象性发挥、夸大，使其更加的引人关注。不实信息传播者通过以下几种“润色放大”的方式进行传播：①断章取义，选择性忽略关键信息；②偷换概念以混淆民众的视听；③采取故意夸大其词、歪曲事实真相的信息加工手段，使相关信息更为模糊化；④使用“对身体健康有严重不良影响”等危言耸听的语句制造强烈刺激，吸引民众的关注度，进而引发公众焦虑不安情绪；⑤将之前历史上发生过的事情掐头去尾，修改发生时间等方式，将旧闻再次乔装打扮一番后在网络或自媒体上进行转发使其持续地发酵放大，以达到误导民众的目的。

所谓“拟科学合理化”，是指编造不实信息者倾向于给不实信息披上“科学”的外衣，使其显得更合理可信，更为逼真。在紧急状态下，如果人们缺乏相关科学知识，加之人们通常具有“宁可信其有不可信其无”的心理，往往容易被编造不实信息者所利用。从已发生过的一些案例来看，有编造不实信息者自导自演，炮制图片、视频等所谓的“科学实验证据”，而实为一种伪科普，以牟取不正当的经济利益。例如，2011 年日本核辐射引发中国民众抢购碘盐事件中，就有不实信息称“吃碘盐可以防核辐射”。人们担心日本核电站泄漏事故可能污染海水，影响海盐生产，碘盐将要涨价，于是纷纷抢购碘盐。然而实际上，在我国的食用盐中，海盐所占比重不足 20%，各地食用碘盐储备充足，根本不必担忧供应短缺，并且碘盐中的碘含量根本起不到防护作用。

不实信息传播过程中的“选择性过滤”和“润色放大”使其内容不断被歪曲和夸大，且通过“拟科学合理化”后，使其更为逼真，更为可信。

2. 激发焦虑不安情绪

不实信息往往与人身健康安全、利益等紧密相关。情绪是预期与现实严重落差的产物。随着不实信息在传播过程中被歪曲夸大，人们由于自身安全感的缺失，因而会产生焦虑不安情绪。这种焦虑不安情绪会导致人们产生情绪化的举动和非理性的集群行为，如抢购商品。

3. 形成单向价值评价

不实信息传播不仅涉及对某一事件的描述，而且也涉及对该事件的价值评价。在信息的实际表达中，所选择的语句的描述意义和评价意义经常是相互混合的。当传播者向受传者讲述道听途说的信息时，难免会对所述事件进行一番价值评价。而受传者在倾听这种讲述的同时，在某种程度上受传播者的价值评价影响，并将其转化到自己的价值评价中。因此，事件的描述与价值评价一路并行，迅速形成一种单向价值评价。不实信息的传播中所包含的价值评价如果与人们所信奉的价值评价相左，它会成为紧急事件迅速升级的重要助燃剂。

4. 形成群体性思维

在不实信息的传播过程中，由于其所包含的价值评价具有一定的感染性，受传者容易受到传播者的影响从而促成他们产生某种群体性思维，而这种群体性思维会不断强化、固化人们的认知偏差、焦虑不安情绪和单向价值评价，并导致非理性的集群行为发生。法国社会心理学家、社会学家古斯塔夫·勒庞（2005）研究了群体行为，提出了“群体精神统一性的心理规律”，指出集群行为产生的主要原因有：群体数量和匿名性的原因致使群体中的个体责任感的下降；人与人之间情感和观念的相互暗示和感染，容易使个体产生难以抗拒的冲动而采取某种行动。勒庞认为，在群体之中，个体的人性就会湮没，独立的思考能力也会丧失，群体的精神会取代个体的精神，一个心理群体表现出来的最惊人的特点如下：构成这个群体的个人不管是谁，他们的生活方式、职业、性格或智力不管相同还是不同，他们变成了一个群体这个事实，便使他们获得了一种集体心理，这使他们的感情、思想和行为变得与他们单独一人时颇为不同。

认知偏差会导致不实信息的种种变形，加剧危机的升级；焦虑不安情绪会导致非理性行为；单向价值评价会成为紧急事件迅速升级的重要助燃剂；群体性思维会促使集群行为发生。认知、情绪、评价、思维的相互作用，又会导致危机的进一步升级和集群行为的愈演愈烈。我们可以认为，不实信息所产生的认知偏差是危机发生的导火索，不实信息所引发的焦虑不安情绪是危机升级的助燃剂，不实信息所形成的单向价值评价是危机升级的心理支撑，而不实信息所促成的群体性思维则是产生集群行为的温床。

# 第五节
# 不实信息传播模型的相关研究

## 一、经典的不实信息传播模型

不实信息的传播既是一种信息的扩散过程，又是一种解释和评论的过程。不实信息传播通常会经历孕育期、蔓延期、控制期，也有研究称之为形成期、高潮期和衰退期。不实信息的传播具有群体性、反复性、变异性等特点。不实信息的传播过程还具有匿名性、时效性、破坏性、爆发性、重复性、刺激性等特征。影响不实信息传播的因素主要有：事件的重要性和模糊性、事件的反常性、环境因素、受众的批判能力。从不实信息的传播渠道而言，不实信息的发展可以分为个体之间、群体和新媒体传播三个阶段。近年来，很多的社会科学研究工作主要集中于网络不实信息的传播过程、传播的效果，以及不实信息的传播、不实信息背后的社会心理动因和不实信息传播者的焦虑心理。不实信息传播模型的研究始于 20 世纪 60 年代，学者们将不实信息视为一种“意念或想法的传染”。而且他们发现不实信息的传播过程与流行病毒的传播过程两者之间存在着有趣的相似性，因此现有的不实信息传播模型大多借鉴了传染病动力学模型。为研究不实信息的传播与应对策略，已有很多国内外的学者们基于传染病动力学方法构建不同类型的不实信息传播模型对此项课题进行了相关研究。

下面将介绍一些经典的不实信息传播模型。1965 年，Daley 和 Kendall 提出并研究了一个不实信息传播模型，该模型采用了随机过程的方法来研究不实信息传播，它将总人口分为三类人群：不知晓不实信息者（Ignorants）；传播不实信息者（Spreaders）；知晓不实信息但不再传播不实信息者（Recovery）。该模型还假定两类人群的关系转换的概率满足特定的数学分布。1973 年，Maki 和 Thompson 在 DK 模型的基础上开发了一个不实信息传播模型（MT 模型）。DK 模型与 MT 模型的不同之处在于：在 DK 模型中，当传播者 Spreader 与未知者 Ignorant 接触后，未知者 Ignorant 将转化为传播者 Spreader；当传播者 Spreader 与传播者 Spreader 接触后，两位传播者 Spreaders 均转化为知情但不再继续传播者 Recovery，传播者 Spreader 与知情但不再继续传播者 Recovery 接触后，传播者将转化为后者。在 MT 模型中，当一位传播者 Spreader 与另一位传播者 Spreader 接触后，最初的传播者 Spreader 将转化为知情但不再继续传播者 Recovery。此后，有许多研究者将 DK 模型和 MT 模型广泛地运用于他们的定量研究。Lefevre 和 Picard（1994）在研究 MT 模型的基础上，考虑不实信息传播过程中个体行为的差异，应用随机传染病模型的研究框架，确定最终听过不实信息的人数分布以及不实信息传播整个过程所用的总时间。Daley 等（2001）阐述了随机传播模型与确定型传播模型的应用范围，并在其所建的不实信息传播模型中引入了一个随机游走的概念，该研究认为不实信息传播者在经历数次失败后可能会选择不再继续传播不实信息。Kawachi（2008）分别介绍了四个不实信息传播的确定性模型，这些模型分类标准是按照人员是否具有流动性、不实信息为常数或变量，还通过计算得出该模型的阈值参数，并对其实际意义作出了相应的解释。Sudbury（1985）提出了一个随机网的 SIR 模型，在一个村庄中随机选取两个节点（人），并让他们进行一次电话通话来传递消息，Sudbury 发现不实信息最多只能传递到 80%的人群。Zhao

和 Wang（2013）建立了一个不实信息传播动力学模型称为 ISRW 模型，该模型考虑了不实信息传播过程中新媒体所起到的重要作用，主要考察了不实信息在人员与人员之间以及媒体与人员之间传播的机制，该研究认为为维护社会的稳定和经济的发展，管理部门应该加强对网络的监管，防止网络不实信息的滋生蔓延；采取积极措施预防不实信息的滋生比当不实信息发生后的应对显得更为重要；应当建立相关法律制度以打击网络的不实信息制造者和传播者。该模型没有考虑遗忘—记忆机制和应急管理部门辟谣对不实信息传播过程的影响。Watson（1987）运用一类数理逼近方法分别估计了确定型和随机型模型最终听过不实信息的人数的分布状态。Pearce（2000）采用一类概率生产函数的方法研究了与时间相关的不实信息传播最终状态的人数分布情况。Dickinson 和 Pearce（2003）研究了不实信息传播随着时间变化的演化过程。Lebensztayn 等（2011）在探讨不实信息传播的最终状态时，考虑了一种有不感兴趣群体存在于不实信息传播过程中的情形，该模型假设由于个体行为的差异，随机决定不再传播不实信息。Dietz（1967）分析比较了不实信息传播与传染病扩散机理之间差异与相似之处，重点阐述了利用传染病动力学方法来构建不实信息传播模型的合理性。Gani（2000）研究了一类简化的 MT 模型，他根据模型的计算过程，认为即使是简化的 MT 模型，在代数计算上也有诸多的实际困难，建议后续学者采取扩散方程来得出更为简化的结果。Belen 和 Pearce（2004）考察 MT 不实信息传播模型中的初始值对不实信息传播最终状态的影响。法国学者 Galam（2003）根据少数舆论传播模型对一个曾在法国民众中广为流传的不实信息“9·11 事件并没有飞机坠毁在五角大楼”给出了一个通用解释，根据反应—扩散动力学方法，得出了一个结论，即当不实信息近似地满足两个标准时它就会自然地对社会群体产生影响。Kawachi 等（2008）考虑不同的接触方式对于不实信息传播过程的影响，并利用数值仿真的方法分析并研究了不实信息传播的最终结果。

因为不实信息传播与流行病的传播之间存在着有趣的相似性，基于传染病模型的相关不实信息传播模型的开创性贡献可以回溯到 20 世纪 60 年代的一些研究。Daley 和 Kendall（1964）最早指出了传染病与不实信息的传播相似性。Daley 和 Kendall（1965）研究了一个经典的不实信息传播模型 DK 模型，此模型与传染病模型中的“易感者—传染者—康复者（SIR）”模型有着相似之处。Maki 和 Thompson（1973）在 DK 模型的基础上开发了一个 MT 模型。之后，有许多研究不实信息传播的学者们将 DK 模型和 MT 模型广泛地运用于他们的定量研究。Kawachi（2008）研究了一类不实信息传播的确定性模型。他分析了一种与年龄无关的情形并介绍了四个模型，这些模型分类标准是按照人员是否具有流动性，和不实信息为常数或变量情形。Zhao 和 Wang（2013）建立了一个 ISRW 模型，该模型考虑了媒体在不实信息传播过程中所起到的作用并探索了人员与人员之间和媒体与人员之间的传播机制。Lebensztayn 等（2001）考虑了一类对不实信息并不感兴趣的群体存在于不实信息传播过程中的情形。Zhang 等（2009）研究了一个描述不实信息传播与紧急事件相互作用的模型，认为一定传播率的不实信息对有效应对疫情和减少社会损失起到一些积极作用。在过去的十年中，已有许多学者研究了不同类型的不实信息传播模型，然而上述模型在相关研究领域中仍发挥着很重要的作用。

近年来，许多国内学者开始密切关注这类危害性大的紧急事件中频频出现的不实信息传播现象，并运用数学建模的研究方法对紧急事件下的不实信息传播进行了研究。Zhang 等（2009）通过借鉴一类三分子反应生物数学模型，研究了一类描述不实信息传播与突发事件相互作用的模型，描述了紧急事态的发展与不实信息传播之间的相互影响，该研究认为不实信息传播对有效应对紧急事件和减少社会损失可能起到积极的作用，能延迟紧急事态的蔓延，并为应急管理部门制定不实信息传播的管控策略与方案提出了一些有价值的参考建议。Chen 等（2013）以 2011 年中国民众抢购食盐事件作为研究案例，研究了该突发事件中的不实信息传播过程，并基于传染病动力学构建了一类不实信息传播动力学模型，且对该模型进行了动力学分析，通过对数值实验结果的分析，为相关管理部门应对不实信息传播提出了一些管理建议。

## 二、基于复杂网络的不实信息传播模型

20 世纪 90 年代以来，以 Internet 为代表的信息技术的迅猛发展使人类社会大步迈入了网络时代。可以说，人们已经生活在一个充满着各种各样的复杂网络的世界中。复杂网络理论所要研究的则是各种看上去互不相同的复杂网络之间的共性和处理它们的普适方法。不实信息在人际关系网络中的散布与病毒传播和扩散很相似。不实信息在社会中的传播可以看作是服从某种规律的网络传播行为。

Zanette（2002）首先将复杂网络理论应用于不实信息传播研究，分别在静态和动态小世界网络中建立不实信息传播模型，他将人群分为三种：$n_S$、$n_I$、$n_R$，分别对应未知情者（没听过不实信息）、传播者（知晓并传播不实信息）、免疫者（对该不实信息不再相信）的人群数量。Zanette 简化了不实信息传播的复杂机制，假设未知情者一旦和传播者接触后，未知情者就会被感染从而转化为新的传播者；而传播者与免疫者或传播者接触后，则最初的传播者将转化为免疫者。他建立的 SIR 平均场方程如下：

$$\begin{cases} n_S = - n_S \dfrac{n_I}{N} \\ n_I = n_S \dfrac{n_I}{N} - n_I \dfrac{n_I + n_R}{N} \\ n_R = n_I \dfrac{n_I + n_R}{N} \end{cases} \tag{2-10}$$

其中 $N$ 是整个种群的个体数量。其研究结果表明，随着不实信息在人群中的传播，人群最后分化成两部分，听过不实信息而后免疫的人群 $n_R$ 和从未听过不实信息的易感染人群 $n_S$ 。当 $N$ 趋向于无穷大时，比值 $r = \dfrac{n_R}{N}$ 最后稳定在 $r^* = 0.796$，这意味着有将近 20%的人从未听到过该不实信息。在由 $K$ 近邻网络演化得到的小世界网络中，当小世界网络的概率参数 $p < p_c$ 时，$r$ 会逐渐衰减到零；当 $p > p_c$ 时，$r$ 满足：

$$r \propto |p - p_c|^{\gamma} \tag{2-11}$$

其中临界概率 $p_c$ 随着近邻 $K$ 值的增大而减小，$\gamma \approx 2.2$ 时则不变，并得出了不实信息传播临界值结论。归纳起来，Zanette 对不实信息在小世界网络中传播所得到的结论是：当 $n_R$ 处于比较小的数值区域内时，$n_R$ 与 $n_I$，$n_R$ 以及灭绝时间 $T$ 的相关性是服从幂律分布的；当 $n_R$ 处于很大的数值区域内时，如果 $P$ 增大，$T$ 减少，$n_I$ 和 $n_R$ 都增大，这说明整个传播过程非常有效率。

Nekovee 等（2007）研究了一类无标度网络中的不实信息传播模型，得出了一个不实信息传播平均场方程，并研究了在一般网络中不实信息的最终数量多少，研究发现在无标度网络中的不实信息传播初始速率要明显高于 ER 随机图中的不实信息传播初始速率。

Isham 等（2010）研究了在网络上的不实信息的随机传播，该研究运用了嵌入式马尔可夫链技术且忽略了邻接节点间的密度相关性，得到了均匀网络上不实信息传播的最终规模的一系列方程，并对所得的分布与相应的平均场确定性模型的解作了比较。研究发现最终的度分布在一个阈值由单峰转化为双峰形式，该阈值大于确定性模型中的阈值。

Gu（2008）建立了一个具有线性和指数形式的遗忘—记忆函数的两仓室模型（SI 模型）来研究满足幂律分布的 BA 无标度网络中不实信息传播者的人数百分比。

Moreno 等（2004）在无标度网络上建立了不实信息传播模型，分别以可靠性（最终不传谣者的密度）和时间代价作为衡量传播效率的指标，比较了分别由计算机仿真和随机分析方法得出的结论。其研究结果表明，不实信息在小世界模型等指数型均匀网络中传播时，模型中不存在非零临界值；而不实信息在幂律分布的非均匀网络中传播时，最终稳定态的免疫者人数与感染概率紧密相关，而与传播源的度无关；不同个体传播不实信息的概率不同，不同拓扑结构的网络传播规律也不同。

汪小帆等（2006）研究了有幂律度分布和可变聚类系统的无标度网络上的不实信息传播行为。他们在有 $N$ 个节点的可变聚类系数的无标度网络上研究了网络聚类系数的大小对不实信息传播的影响。该研究结果表明，聚类系数越大，传播者所占比例的峰值在整个演化过程中越小，传播结束后免疫者的比重也越小，即聚类系数越大，不实信息传播所造成的影响反而越小；而聚类系数越小，不实信息传播所造成的影响反而越大。换句话说，聚类系数越大，网络中信息的透明度肯定会增强，人与人加强了了解和信任，从而使不实信息被限制在一定范围内，解释了为什么信息的透明有利于抑制不实信息等的传播。因此，该研究认为可以通过增大网络聚类系数来有效地抑制不实信息的传播。

Zhao 等（2012）研究了一类社会网络中 SIHR 不实信息传播动力学模型，该模型考虑了一种遗忘—记忆机制，得出了描述社会网络中 SIHR 模型的动力学的平均场方程，数值模拟结果表明从不实信息未知情者到知晓而不再继续传播者的直接转换关系加速了不实信息的终结并降低了不实信息传播所造成的最大影响。而且，研究发现其中的遗忘—记忆机制也在不实信息传播过程中发挥了类似的作用。

Doerr 等（2012）分析了不实信息如何在社会网络中传播，并仿真了不同网络拓扑结构中不实信息的传播过程，研究表明不实信息在一类真实世界网络中的常见模型“优先连接的社会网络拓扑结构”中传播更快。该研究有一个惊奇的发现是他们观察到只有少数几个邻居的节点对于不实信息的快速传播至关重要。

Roshani 和 Naimi（2012）研究了无标度网络中的不实信息传播并建立了一个推广的不实信息传播模型。他为刻画两个连接的节点之间的直接联系而引入了一个能决定给定的节点（人）与其相邻的节点（人）同时接触数量的传染函数和一个连接强度函数。此外，他还通过计算得出了临界阈值。其研究发现：通过调整感染性的指数和连接强度的指数可以控制不实信息流行的阈值系数；在其所建模型中的临界阈值远大于一个有限无标度网络中标准模型的临界阈值；当连接强度函数的指数值为-1 时，不实信息的传播最为广泛，并且在不同网络上的计算结果均验证了这一理论预测；当感染性的指数越小时不实信息传播将越为广泛。

Zhang 等（2013）基于前人的研究实验结果，对社会网络上的不实信息演化过程进行了研究。该研究认为社会网络是不实信息传播的主要渠道。先前人们主要研究静态的流言传播，不实信息的内容在传播过程中始终保持不变。事实上，不实信息在传播过程中是不断演化的，它会变得更短，更简要，更容易获得和转述。在一项早期的心理学试验中，研究人员发现不实信息在口口相传的前六次已经损失了 70%。在演化过程中，不实信息的内容会有一定的概率被社会中的个体修改。社会个体有两种选择，直接转发或者修改后转发。直接转发者会将接收到的不实信息直接转发给他的朋友。相反，修改者在转发前会修改不实信息的内容。当不实信息在社会网络（比如无标度网络和小世界网络）上传播的时候，大多数个体实际上接收到的不实信息是原始不实信息的一种多次修改后的版本。个体在社会网络上拥有的朋友越多，它越有可能接触到原始不实信息。他们的实验结果表明原始不实信息可能会在传播过程中失去其影响力。真实的信息也可能在传播过程中变成不实信息。他们的研究表明不实信息的演化是一个不可忽视的问题，这可能会对我们理解不实信息的产生与消亡有所帮助。

## 三、基于相变理论的不实信息传播的 Potts 模型

不实信息传播问题不仅是社会学工作者所关注的一种十分重要的社会现象，而且也是一类心理学、传播学、网络科学、物理、数学等多学科交叉科学问题，这些相关研究领域的学者们纷纷对此产生了浓厚的研究兴趣。王俊峰（2004）基于应用物理学中的相变理论建立了不实信息传播的 Potts 物理模型，不实信息沿一条由 N 个胆小的传谣人构成的传谣链条传播的 Potts 模型，模型中的传谣链被对应为一条物理自旋链，根据这个自旋系统的配分函数和自旋组态数，分别在正则系综和微正则系综情形下计算了该自旋系统的热力学函数；通过对热力学函数的连续性的分析分别得到了自旋系统内的正则和微正则相变结果，给出了正则和微正则系综对该不实信息系统的相变级数的描述不等效的结论。

## 四、基于元胞自动机的不实信息传播模型

宣慧玉和张发（2008）在《复杂系统仿真及应用》一书中介绍了一类不实信息传播的元胞自动机模型及其扩展，再现了不实信息通过个体之间的局部交互进行传播的过程。所建模型在元胞自动机已有的基本规则上考

虑引入了相信概率、遗忘概率、多数规则等不实信息传播因素进行了扩展，使不实信息传播过程更为贴近实际。

自20世纪60年代末，随着社会学家Shibutani（1966）关于集体行为的书籍和文章出现，在社会学和心理学领域出现了第二次研究不实信息的热情。

最近二十年，不实信息传播研究已经成为学术界的研究热点，尤其是随着近年来紧急事件的频发，紧急状态中的不实信息传播研究方兴未艾，相关研究由以定性分析为主趋于以定量分析为主的方向发展，目前许多的学者考虑运用自然科学的研究方法来研究这一社会科学课题，如采用非线性动力学、元胞自动机模型、格子气模型、相变理论、复杂网络等理论方法对不实信息传播进行定量研究。随着新媒体时代的到来，各自网络不实信息（推特、微博）、手机短信不实信息已成为当前不实信息传播研究的热点话题。

# 第六节

# 应激心理与行为相关研究

## 一、应激心理与行为的相关定义

1. 应激的含义

应激是由于危险的或出乎意料的外界情况的变化所引起的一种情绪状态，是决策心理活动中可能产生的一种心理因素。导致应激的刺激可以是躯体的、心理的和社会文化的诸因素。但是这些刺激通常不能直接地引起应激，在刺激与应激之间还存在着许多中介因素，诸如人体健康、个性特点、生活经验、应付能力、认知评价、信念以及所得社会支持的质与量等，均可起重要的调节作用。应激时，内脏器官会发生一系列变化。大脑中枢接受外界刺激后，信息传至下丘脑，分泌促肾上激素释放因子（CRF），然后又激发脑垂体分泌促肾上腺因子皮质激素，使身体处于充分动员的状态，心率、血压、体温、肌肉紧张度、代谢水平等都发生显著变化，从而增加机体活动力量，以应付紧急情况。亦称“压力”“紧张”，指个体身心感受到威胁时的一种紧张状态。

应激结构有：①应激源，即造成应激或紧张的刺激物；②应激本身，即特殊的身心紧张状态；③应激反应，即对应激源的生理和心理反应，亦称生理应激与心理应激。

个体对应激的反应有两种表现：一种是活动抑制或完全紊乱，甚至发生感知记忆的错误，表现出不适应的反应，如目瞪口呆、手忙脚乱、陷入窘境；另一种是调动各种力量，活动积极，以应对紧急情况，如急中生智，行动敏捷，摆脱困境。在应激状态下，生化系统发生激烈变化，肾上腺素以及各腺体分泌增加，身体活力增强，使整个身体处于充分动员状态，以应对意外的突变。长期处于应激状态，对人的健康不利，甚至会有危险。

1974 年，加拿大生理学家塞里（G. Selye）的研究表明，应激状态的持续能击溃一个人的生物化学保护机制，使人的抵抗力降低，容易患心身疾病。他把应激反应称为全身适应综合征，并将其分为三个阶段：①惊觉阶段，表现为肾上腺素分泌增加，心率加快，体温和肌肉弹性降低，贫血，以及血糖水平和胃酸度暂时性增加，严重可导致休克。②阻抗阶段，表现出惊觉阶段症状的消失，身体动员许多保护系统去抵抗导致危急的动因，此时全身代谢水平提高，肝脏大量释放血糖。如时间过长，可使体内糖的储存大量消耗，以及下丘脑、脑垂体和肾上腺系统活动过度，会给内脏带来物理性损伤，出现胃溃疡、胸腺退化等症状。③衰竭阶段，表现为体内的各种储存几乎耗竭，机体处于危机状态，可导致重病或死亡。故要尽量减少和避免不必要的应激状态，并学会科学地对待应激状态。

2. 应激源的含义

应激源是指能引起全身性适应综合征或局限性适应综合征的各种因素的总称。根据来源不同，将其分为三类：

（1）外部物质环境：包括自然的和人为的两类因素。属于自然环境变化的有寒冷、酷热、潮湿、强光、雷电、气压等，可以引起冻伤、中暑等反应。属于人为因素的有大气、水、食物及射线、噪声等方面的污染等，严重时可引起疾病甚至残废。

（2）个体的内环境：内、外环境的区分是人为的。内环境的许多问题常来自外环境，如营养缺乏、感觉剥夺、刺激过量等。机体内部各种必要物质的产生和平衡失调，如内分泌激素增加，酶和血液成分的改变，既可以是应激源，也可以是应激反应的一部分。

（3）心理社会环境：大量证据表明，心理社会因素可以引起全身性适应综合征，具有应激性。尤其，亲人的病故或意外事故常常是重大的应激源，因为在悲伤过程中往往会伴有明显的躯体症状。研究表明，在配偶死亡的这一年中，丧偶者的死亡率比同年龄其他人要高出很多。

心理、社会因素可引起良性应激，如中奖、提升；也可引起劣性应激，如竞争失败、丧失亲人。应激对健康具有双重作用，适当的应激可提高机体的适应能力，但过强的应激（不论是良性应激还是劣性应激）使适应机制失效的同时也可能会导致机体的功能障碍。另外根据影响程度又可分为良性应激（生理性应激）和劣性应激（病理性应激）。

从心理学角度而言，相关研究表明，刺激物若具备超负荷、冲突、不可控制性三个基本特点，就可能成为一个应激源。超负荷指的是刺激的强度超过个体的正常承受水平；冲突是指刺激物引起两种或两种以上的矛盾情境，主体难以抉择；不可控制性是指刺激物不随人们行为而变化和转移，因此引发主体恐惧、紧张的心理。

3. 应激唤醒

由知觉到的威胁、需求、挑战或逆境引起的生理和心理上的兴奋与警觉，包括唤醒和主动应对，在很大程度上取决于个体对环境的评价。个体认为所处环境对自身构成威胁，尤其在环境中有令人厌恶而不能预测和控制的事物时，容易被唤醒。也受温度、噪声、音乐、照明和颜色等环境因素的影响。人处在中等唤醒水平时工作效率最高；唤醒水平过高或过低，都不利于工作的完成。

4. 应激状态

因出乎意料的危险情境引起的一种情绪状态，可能的引发因素包括亲友生死离别、意外事故、严重疾病、考试或事业失败的预兆等，分为激起、紧张、阻抗和衰竭四个阶段。在这种状态下，大脑接受外界刺激后，信息传至下丘脑，分泌促肾上腺素释放因子，然后激发脑垂体分泌肾上腺因子皮质激素，使心率、血压、体温、肌肉紧张度、代谢水平都发生显著变化，从而增加肌体活力，以应付紧急情境。适当的应激状态，有助于提高机会的活动效率和适应效能，但过度或长期的应激状态会引起身体全身或某个系统的病变，甚至死亡。每个人的人格特点、过去的经验、经受的锻炼等，在紧张条件下有重要的调节功能。

5. 应激反应

应激反应是指由各种紧张性刺激物（应激源）引起的个体非特异性反应，包括生理反应和心理反应两大类。生理反应表现为交感神经兴奋、垂体和肾上腺皮质激素分泌增多、血糖升高、血压上升、心率加快和呼吸加速等；心理反应包括情绪反应与自我防御反应、应对反应等。应激反应是刺激物同个体自身的身心特性交互作用的结果，而不仅仅由刺激物引起，还与个体对应激源的认识、个体处理应激事件的经验等有关。

当个体经认知评价而察觉到应激源的威胁后，就会引起生理与心理的变化。这种反应是应激的表现形式，也是其客观测量的指标。应激反应包括生理反应和心理反应两个方面。通过神经解剖学和大量观察证据证明，应激反应中的生理反应和心理反应是同时发生的。

（1）应激引起的生理反应。Cannon 从动物在紧急事例面前表现出的“搏斗或逃跑”反应中发现，这种机制涉及同化（副交感，胆碱能）功能的抑制和异化（交感、肾上腺能）功能的激活。这两个过程的结合保证了动物在遭遇紧急情况时能量的需要，从而提出了交感—肾上腺髓质系统在应付剧变时“移缓济急”的生理原则，与此有关的各种内脏及躯体活动变化都遵循这一原则。

生理性应激反应及其恢复过程称为生理应激，它包括三个阶段：①第一阶段对刺激产生直接反应及代偿反应，比如运动中呼吸加快，血压升高等；②第二阶段是对刺激部分出现全适应，如身体适应了训练，细胞活动加强，抵抗力增强；③第三阶段是刺激停止后的恢复过程，应激反应逐渐消失，体内环境恢复到刺激前的情况（由于适应机制的存在，这时体内环境可能有所改善）。运动训练的目的就在于使运动员对增大的负荷产生适应，应激反应可视为训练过程的一种生理学机制。

（2）应激引起的心理反应。它分为两类：积极的心理反应和消极的心理反应。积极的心理反应是指适度的皮层唤醒水平和情绪唤起；注意力集中；积极的思维和动机的调整。这种反应有利于机体对传入信息的正确认知评价、应对策略的抉择和应对能力的发挥。消极的心理反应是指过度唤醒（焦虑）、紧张；过分的情绪唤起（激动）或低落（抑郁）；认知能力降低等。这种反应妨碍个体正确的评价现实情境、选择应对策略和正常应对能力的发挥。

应激心理反应可以分期。进入时相的顺序及每一时相的持续时间和临床表现都有较大的变动性。一般的顺序是：惊叫、否认、侵入、不断修正、结束。临床上最常见的是否认与侵入两个时相，其余时相可以不出现或不明显，时相顺序也可以变换。这种应激时相的划分在急性应激下较为明显，在慢性应激时则不太明显。对应激的反应并不一定都属异常，只是在反应过度时才属病理性的。①惊叫常发生于未曾预料的事件信息的突然冲击时，可表现为哭泣、尖叫或昏倒。②否认则是情绪麻木、概念回避及行为束缚相结合时相。情绪麻木是缺乏正常对刺激作出反应的感觉；概念回避是有意不涉及应激情境的概念；行为束缚是个体活动范围变窄，表现为专心致志地从事一般的重复动作而不顾周围。③侵入是应激性事件的直接或信号性行为以及自发的观念性或情感性折磨再现。包括有关应激事件的梦魇、反复的自发印象，或由其他事件而派生的吃惊反应。④不断修正是机体动员应对机制适应的过程。⑤结束，若应对成功就进入结束，如受阻或未获成功则可能转入病态。

情绪反应、自我心理防御反应及行为反应三者相互之间具有密切的联系。情绪反应中最常见的是焦虑，还有愤怒、内疚、恐惧、抑郁、习得无助等。自我心理防御反应有合理化、压抑、投身、倒退、升华、否认、补偿、抵消等，自我心理防御反应仅仅是一种自我欺骗，但它起到了暂时解除痛苦和不安的作用。行为反应主要表现有攻击、退缩等，按应对方式可分为问题应对和情绪应对两类：问题应对多见于当事人自认为能改变个人所面临的处境或挑战；情绪应对多见于当事人自认为无力改变具有威胁性环境，从而承受巨大的心理压力。大多数人在不同时机兼用问题应对和情绪应对两种不同的应对方式。应激期间产生何种心理反应，受应激源、环境因素、本身人格因素的影响。即使对同一个人同样应激源，不同时期往往也会有不同的应激反应。

应激心理反应还可以分为应激阻抗者和应激障碍两种。应激阻抗者对一定的紧张性刺激或情境特别有耐受力，这类人的人格特点可概括为：①能积极参与投入相应的工作与生活；②自认为有能力控制生活变故及紧张的状况，能采取行动解决问题；③能把生活、工作的变化作为对自己的挑战。应激障碍表现为因反应过度而表现出的相应的身心疾病。应激障碍的治疗策略，应着重于帮助患者正确理解自己与应激事件的关系，消除现存的心理障碍，增强应激能力（杨治良，2007）。

## 二、应激心理与行为的相关研究

1. 应激心理与行为

应激的概念可以追溯到1929年美国哈佛大学的生理学家Cannon的一项对来自动物机体内外部环境刺激与动物机体反应的实验研究。Cannon以研究交感神经——肾上腺髓质系统而闻名，并诠释了紧急状况下的格斗—逃跑反应。他对应激状态进行了研究，认为此时机体进入了“战斗或逃跑（fight or flight）”的状态，提出机体在遇到挑战或危险的情况下，常产生肾上腺髓质分泌增加和交感神经兴奋现象，表现为心率和呼吸加快，心搏增加，脾脏缩小，肝糖原释放，瞳孔扩大，皮肤和内脏的血管收缩，血液由这些部位向肌肉和脑部转移，使机体处于战斗或逃跑状态，提出了交感神经兴奋在机体紧急情况下起到重要作用的紧急学说。他还提出了一种称为稳态的概念，即有机体需要维持体内环境的平衡状态，而其使用应激这个术语的关键，是因为注意到有机体在面临压力时会试图保持平衡。

加拿大内分泌生理学家Selye（1974）把应激从物理学领域引入生物学

和医学领域，他认为应激是指人或动物有机体对环境刺激的一种生物学反应现象，可由加在机体上的许多不同需求而引起，并且是非特异性的，每一种疾病或有害刺激都有这种相同的、特征性的和涉及全身的生理反应过程。他关注的是应激的反应，重视应激状态下机体生理病理反应的分子生物学机制，用动物组织混合匀浆和化学物质（如牛的卵巢、酒精、甲醛等）注入小鼠腹腔，总是引起小鼠肾上腺皮质增生，胸腺、脾脏、淋巴结明显萎缩，嗜酸性白血球显著下降，胃黏膜浅层溃疡等变化，上述反应与注射物的种类和性质无关，他将其称作“一般适应综合征”（general adaptation syndrome，GAS）或应激综合征，并提出垂体—肾上腺激素分泌增多在全身适应综合征中起重要作用。他将 GAS 分为警戒（alarm）、阻抗（resistance）和衰竭（exhaustion）三个阶段：①警戒期：是机体为了应对有害环境刺激而唤起体内的整体防御能力，故也称动员阶段。②阻抗期：如果有害刺激持续存在，机体通过提高体内的结构和机能水平以增强对应激源的抵抗程度。③衰竭期：如果继续处于有害刺激之下或有害刺激过于严重，机体会丧失所获得的抵抗能力而转入衰竭阶段。在天敌或挑战对手面前，动物最常见的是出现战斗或逃跑反应，此时动物体内有生理变化与重组，主要有两个系统的动员和参与，即下丘及垂体肾上腺系统和植物神经系统，后者主要是交感兴奋现象。肾上腺素与去甲肾上腺素，促肾上腺皮质激素与皮质类固醇的血浆内浓度增高，它们被称为“应激激素”。在主动进攻的战斗中去甲肾上腺素增高的比例上升，在逃跑与失去控制的焦虑情境下肾上腺素增高的比例上升。Cannon 的紧急学说和 Selye 的全身适应综合征学说构成了应激的经典概念。

Mason 用猴子实验，实验组与对照组均约束于椅子上，每 20 秒电击一次，实验组的猴子如按压杠杆，20 秒内可阻断一次电击，而对照组仍不能避免电击，实验进行 72 小时，实验组的猴子比对照组的猴子适应良好。为了增强应激程度，后来有学者改变实验设计，使电击时间不规则出现且不可预测，在正确的回避性操作之后仍给予电击等，在实验进行的前10天之内，通过软纤维内窥镜观察胃部变化，发现两组均有30%左右的动物出现胃黏膜浅层溃疡，其病变部位与人类溃疡病好发部位相同，有些猴子半年后出现了高血压，大部分溃疡不久可自行愈合。这个操作性条件反射改变的是环境刺激，并未直接刺激动物的胃或神经，可作为人类心身疾病的动物模型。Mason的72小时猴子回避性条件反射实验，开始动物有血浆17羟皮质固醇类、肾上腺素、去甲肾上腺素、甲状腺素和生长激素的升高，而性激素和胰岛素水平下降；随着适应性的出现，激素变化便逐渐恢复正常水平。应激引起体内分泌的变化，Mason在上述猴子操作性回避条件反射中，定期作15种激素水平的检查，包括血浆与尿中17羟皮质类固醇、肾上腺素、去甲肾上腺素、雌酮、雌二醇、雌三醇、雄酮、本胆烷醇酮、脱氢表雄酮、醛固酮、睾丸酮、血浆甲状腺素、胰岛素与生长激素，观察到其中某些激素的水平有所变化。

Lazarus认为应激心理是指人对外界有害、威胁、挑战进行认识评价后，知其将危害个人的生存和地位时，所产生的生理、心理和行为的反应。应激发生于个体处在无法应对或调节的需求之时。它的发生并不伴随于特定的刺激或特定的反应，而发生于个体察觉或估价一种有威胁的情境之时。这种估价来自对环境需求的情境以及个体处理这些需求的能力（或应对机制）的评价。该理论被称为认知应激作用理论，认为个体对情境的察觉和估价是关键因素，解释了对应激性刺激（应激源）作出反应的个体差异。应对是指面对威胁性的应激源时，需要通过各种适当的心理行为策略，经过努力、行动、克服困难、解决问题来消除或缓解自己的紧张状态 。

应激行为是指人在心理、生理上不能有效应对自身由于各种突如其来的并给人的心理或生理带来重大影响的事件，例如战争、火灾、水灾、地震、传染病流行、重大交通事故等灾难发生所导致的各种心理生理反应，应激行为也叫作应激相关障碍，主要包括急性应激反应、创伤后应激障碍、适应障碍三大类。

（1）急性应激反应是在应激灾难事件发生之后最早出现的，其典型表现包括三个方面。

首先，意识的改变出现得最早，主要表现为茫然，出现定向障碍，不知自己身在何处，对时间和周围事物不能清晰感知。比如，有些人听到亲人去世的消息后当场昏过去，醒后不知道发生了什么事情，不认识周围的亲人，不知道身在何处。这种神志不清有的会持续几个小时，也有的能持续几天。

其次，行为改变主要表现为行为明显减少或增多并带有盲目性。行为减少表现在不主动与家人说话，家人跟其说话也不予理睬。日常生活不知料理，不知道洗脸梳头，不知道吃饭睡觉，需要家人提醒或再三督促。整个人的生活陷入混乱状态；行为增多表现为动作杂乱、无目的，甚至冲动毁物，话多，或自言自语，言语内容零乱，没有逻辑性。

最后，情绪的改变主要表现为恐慌、麻木、震惊、茫然、愤怒、恐惧、悲伤、绝望、内疚，对于突如其来的灾难感到无所适从、无法应对。这些情绪常常表现得非常强烈，如被打之后出现强烈的愤怒和恐惧，丧失亲人之后出现极度的悲伤、绝望和内疚。在强烈的不良情绪的影响下，个体有时候会出现一些过激行为，比如在极度悲伤、绝望、内疚的情绪支配下，有些人会采取自杀的行为以解除难以接受的痛苦。可能还会伴有躯体不适，表现为心慌、气短、胸闷、消化道不适、头晕、头痛、入睡困难、做噩梦。对于受灾人群而言，在灾难发生以后通过自己的力量将自己的心理状态很快地调整到正常几乎是很难的。人非草木，面对着已经突然倒塌了而曾经温馨的家，面对着灾难给人类带来的生死离别，人们通常表现出上述急性应激反应中所描述的状态。这种状态的出现只能说明人们的情感反应是正常的，而不能说明他们脆弱、不坚强，只要是一个正常的有血有肉的人，就不可能在这种灾难面前无动于衷。那么是不是这种反应是正常的，人们就可以不管不问任由其发展？当然不是。由于这种状态不仅在短时间内会对人们的心理、生理产生很大影响，影响人们的正常生活、工作，如果处理不及时还会发生创伤后应激障碍，有资料报道，普通人群中50%以上的人一生中至少有一次曾亲身经历或目睹过创伤事件，在这个人群中，创伤后应激障碍的患病率为7%～12%。其中女性的患病率为10.4%，男性的患病率为5.0%。

（2）创伤后应激障碍比急性应激反应的发生要晚，而障碍的持续时间比急性应激反应要长得多，往往要持续一个月以上。表现为难以控制地重新体验创伤性事件发生时的各种场景以及当时的情绪；回避或不愿意提及创伤性事件，不愿意提及更不愿意看到事件发生的场所，甚至不愿意去与事发场所类似的地方，情感麻木，回避与创伤有关的刺激，从心理学意义上讲，这是一种情感隔离的状态，长期处于这种状态对健康是不利的，悲伤、内疚等负性的情感长时间没有一个合适的发泄渠道，往往会引起更多的心理障碍或心身疾病。

（3）适应性障碍的主要表现是出现情绪障碍，伴有适应不良的行为或生理功能障碍，从而影响病人的社会适应能力，使学习、工作、生活及人际交往等受到局限或不正常。适应性障碍是人群中常见的一种心理障碍，一般是因环境改变、职务变迁或生活中某些不愉快的事件，加上患者的不良个性，而出现的一些情绪反应及生理功能障碍，并导致学习、工作、生活及交际能力的减退（石作砺等，2000）。

2. 群体应激心理与行为

较早对群体应激行为进行系统研究的社会学家是LaPierre，他在一本鲜为人知的书中最先指出群体应激行为是一种在偶然的、变化的环境下或危险即将来临时的非正常的逃逸行为。LaPierre（1938）在其所著书中还首先指出了个人应激行为与群体应激行为是两个不同的概念，而当时大部分学者认为应激行为必须涉及多个参与者。Quarantelli（1957）认为非理性群体应激心理与行为是失去对自身的控制情况下一种强烈的应激反应，表现为非社会性和非理性的逃跑行为，这些行为是自私的集合行为，当非理性应激心理发生时，个体更关注于自身的命运而非集体的。Kelley等（1965）认为非理性群体应激心理与行为是在外部环境突然改变或者资源逐渐减少的情况下，群体行为的一种特殊形态。也有学者提出非理性群体应激心理与行为本质上是一种社会信任危机，是个体对自己所处的环境丧失信任之后的应激性反应。Ikle等（1957）指出由于危机本身的不确定性，对危机发生的预见及正确评估危险程度，有利于人们从危机中逃生，并减小产生非理性群体应激心理与行为的可能性。Mawson（1978）认为非理性群体应激心理与行为源于意识，且与社会组织文化、生态环境、情境因素以及社会控制有关。Aguirre（2005）认为非理性群体应激心理与行为是一种非理性的、反社会的、自私的行为，是危机发生时的一种社会行为，指出非理性群体应激心理与行为的产生与建筑物结构、群体成员、群体密度、群体之间关系、危机发生时的状况和信息量有关。心理学家Craske等（2003）认为非理性群体应激心理是一种神经症，是突发的、伴随有周期性惊恐发作的焦虑障碍。

3. 群体应激心理与行为的成因及其影响

很多国内学者在对群体应激心理与行为特征进行分析的基础上，探讨了群体应激心理与行为的成因及其影响。

时勘等（2003）研究了紧急事件中公众的应激心理特征，建立了一类公众应激心理行为预测模型，指出正性信息则能降低个人的风险认知水平，保持民众的理性行为。童辉杰（2004）在对中国17个省市1016人进行群体应激反应问卷调查的基础上，构建了一类群体应激反应结构方程模型研究了民众的应激心理特征，其研究结果表明民众的应激心理对紧急状态的认知评价起重要的调节、抑制作用；社会支持对民众的应激心理起到缓冲器和调节器的作用。王晓虹和林春（2003）指出，一定的应激心理是人们正常的应激反应，其积极意义在于，能促使人们提高警觉性和自我保护意识，增强应对危机的能力，然而过度的应激心理则具有一定的传染性和破坏性。程华云（2003）基于参照群体理论从信息性影响、规范性影响、价值表现影响三个方面对非理性群体应激心理与行为进行了研究。王欢（2003）则从大众传播、流言、群体压力以及集群行为等角度对群体应激心理的成因进行了分析。认为群体应激心理与大众传播和群体压力有着密切的关系，而不实信息则加速了应激心理的形成。孙多勇（2006）利用Logit模型研究了个体灾难风险感知度，有效地了解和预测了紧急状态背景下个体的风险感知来源。谢晓非等（2005）认为个体对相关科学知识的了解、风险特征、意愿程度、从众行为以及家庭依赖等因素在一定程度上可以预测个体的应激心理状态。

4. 群体应激心理与行为规律

一些学者对群体应激心理与行为规律进行了相关研究，其中具有代表性的是Dirk Helbing等于2000年在Nature期刊上发表的一篇关于紧急状态下群体应激心理与行为的研究成果，主要研究了模拟火灾情境下人员逃逸的仿真动力特性，作为一种特殊的群体应激行为，在模拟火灾情境下群体应激行为表现出九个主要特性：①公众的移动速度快于正常情况下的速度；②个体之间互相推搡，人们之间有身体之间的相互物理作用；③公众在通过一些较拥挤的通道时，会出现行为不谐调的现象；④在出口处，发现人群形成一个拱形堵塞；⑤形成拥堵；⑥在拥挤的人群中，身体的相互作用逐渐增加，引发了达到每平方米 4450 牛顿的危险压强值，该力足以使一钢制护栏弯曲或推倒一个砖墙；⑦由于跌倒或受伤的人起“阻碍”作用，逃跑变得更加缓慢；⑧个体显示出从众的表现，即别人怎么做我也怎么做；⑨在逃生的紧急状态下，逃生者没有充分利用甚至忽略部分可供逃生的通道，以致出现部分逃生通道拥挤，而其他逃生通道宽松的情况。

French（1941）进行了一项关于群体应激心理与行为的实验，研究了在紧急状态下两组人群（有组织群体、无组织群体）的应激行为反应的差别。有组织的群体与非组织的群体分别由八位运动员和八位学生组成。每组被安排用 45 分钟研究一个不可能解决的测试题，设计这样的测试就是为了让被试者产生挫折感。在测试结束后，组员被要求分别隔离并完成问卷测试，在被试者不知情的情况下，将房间的门锁上。从房门下面向房间内施放烟雾，随即火警警报响起。通过隐蔽设置的单向屏幕以采集观察数据。实验结果表明，群体的反应不尽相同，有的被试者真的产生了焦虑，有的被试者则持完全的怀疑态度。在同一组内的成员倾向于应激行为一致。实验结果表明，有组织的群体与无组织群体相比较而言，前者受惊吓程度更为明显。

Mintz（1951）进行了非自适应群体应激行为的实验研究，实验结果表明非合作行为并非焦虑驱动暴力情感刺激的结果，而是人们根据对其他人的预期行为和他们感知的具有挑战性的环境所采取的调整行为。Kelley 等（1965）进行了模拟紧急状态下的群体应激行为研究，他不同意 Mintz 的观点，认为 Mintz 的实验中只考虑了逃生而没有考虑危险因素，因而该实验不适合于研究群体应激心理与行为；他还认为 Mintz 的实验中的相关假设条件过于认知和理性，即人在紧急状态中是非理性的，而且其所作所为都是只为追求自己本身的利益。Lazarus（1966）指出，Kelley实验中运用的研究方法与Mintz采用的方法有一些相似之处，例如两者均认为若逃生路线关闭时，任何逃生的尝试与努力都是有价值和有意义的。Milgram（1970）指出，Kelley的实验情境与真实情境是有差别的，例如Kelley实验中只考虑了躲避毒气刺激的情形，而真实生活中的群体应激行为包括了逃生和躲避危险。他们认为社会心理学家们应发挥更大的想象力来设计群体行为的研究实验，但是最大的困难在于相关领域理论假设条件的缺乏。

Ebihara等（1992）对紧急状态下的群体应激逃生行为进行了相关仿真研究。Saloma等（2003）对紧急状态下的群体应激逃生行为的自组织队列和自由规模行为进行了相关研究。Johnson等（2012）研究了火灾、飓风等紧急状态下社会文化因素对群体的应激行为的影响以及关于“及时避难或坚守防卫”的应急决策策略。Norazahar（2018）对在恶劣环境条件下进行的海上设施逃生和疏散行为进行了风险评估，采用贝叶斯分析方法和二项式分布来研究恶劣的环境条件下海上设施上逃生和疏散的人员的影响。研究结果表明人员探测警报成功的概率会受到环境条件的影响。考虑环境条件的风险评估说明了确定用于安全逃生和疏散的风险接受标准的重要性。Rassia（2010）基于个体的建模方法（如分子动力学）研究了恐慌情况下人员的行为反应，并定量研究了紧急疏散期间人类对空间熟悉程度的影响，目标是确定某些关键的设计特征，这些特征有助于设计更好的疏散计划。邹游（2016）在人群疏散方面研究了各种模型基础上行人运动的动力学特点，通过改变行人的比例模拟疏散过程，比较疏散效率和伤亡情况，提出了个体应激行为转变为群体应激行为的潜在机制。祝江斌等（2006）在对城市重大紧急事件的扩散过程进行研究时发现，紧急事件、不实信息、民众的非理性应激心理与行为这三者之间会相互影响和作用，从而形成放大式扩散效应。田玉敏（2008）通过构建一类群体动力学模型对正常和紧急状态下的群体应激心理与行为进行了刻画，在此基础上，提出了对这两种情况下的群体应激心理与行为规律进行统一和概括的 CDENP 复合理论。朱建国（2009）在对群体应激心理产生的原因进行分析的基础上，探讨了个体应激心理过程以及群体应激心理的发展规律，他认为当灾害或不实信息发生时，个体应激心理与行为会影响其他人，形成较高的环境压力，引发他人类似的情绪和行为反应。通过相互刺激模式，非理性应激心理就会在某一地区迅速循环、放大并且蔓延，造成非理性群体应激心理与行为。

还有一些学者在定性研究的基础上通过概念建模的方法来探讨非理性群体应激心理与行为规律，如 Schneider（2008）通过研究紧急状态下环境、社会心理和应激行为之间的关系和对行为个体内部状态的影响，建立了基于 SimPan 代理的群体应激行为模型。Franca 等（2009）认为多重代理系统是认识和分析现实生活中的火灾和地震等紧急事件的有效工具之一，通过这种方法的研究可以更好地了解非理性群体应激心理与行为。

5. *群体非理性应激心理与行为的度量*

群体非理性应激心理与行为的度量主要侧重于对影响因素和评价方法的选择。李铭禄和陈安（2007）通过对非理性应激心理与行为的发生、发展、蔓延、转化转换、耦合的机理，以及城市公众非理性应激心理与行为的特点进行分析，并在从影响和体现非理性应激心理与行为传播速度及范围的角度提取因素的基础上建立了非理性应激心理与行为度量模型，以实现对城市公众非理性应激心理与行为进行有效的实时度量和监控。陈曦等（2009）则在应用计算实验理论、Agent 建模技术等信息技术的基础上，建立信息传播人工系统进行计算实验，并通过计算实验数据对群体非理性应激心理与行为进行动态度量。社会学家对非理性应激心理的理解存在两种观点：一种观点认为非理性应激心理是极端的、没有根据的焦虑情绪，虽然焦虑可能导致非理性行为，但本质上还是内心的一种情绪反应；另一种观点认为，焦虑是试图摆脱无助情境的逃生行为，在强烈的逃生欲望下，甚至可能会表现出偏离社会规范的行为。群体非理性应激心理产生的原因以及研究紧急状态中的群体应激行为已成为社会学关注的主要问题，也有部分研究涉及人在经济危机、自然灾难、战争等情境下群体应激心理与行为的特征、应对方式的选择等。

6. 群体非理性应激心理的分类

从是否利他的角度看，可以把非理性应激心理状态下的人群行为分为适应性行为和非适应性行为。所谓适应性行为，是指可能有利于其他人员的疏散或采取避免事故损失的行为。按照这种定义，诸如正常避难行为、帮助他人行为和领导者行为等属于适应性行为。而自私行为、决策失效行为及过度防御行为则属于非适应性行为范畴。按群体非理性应激心理来源不同，公共危机中的群体非理性应激心理可划分为事件型非理性应激心理、传播型非理性应激心理和混合型非理性应激心理三类：第一种主要是指由公共危机事件引起的群体非理性应激心理，第二种主要是指由不实信息传播导致的群体非理性应激心理，第三种主要是由前两种非理性应激心理共同作用引起。

（1）事件型非理性应激心理：近年来在自然灾害、生产安全、交通安全、公共卫生、食品安全、水源安全等方面频繁发生的公共安全事件直接导致了群体非理性应激心理的发生，这些公共安全事件剥夺了人们的安全需求。英国心理学家马斯洛在他的基本需要层次理论中提出人有五种需要，安全需要是较低层面的需要，它包括安全、稳定、秩序、免受恐吓和威胁的需要。发生公共安全事件的不安全环境常常会降低人们的安全需要，使人出现紧张、惊恐、焦虑、易怒等情绪反应。这种情绪源于人们对迅速确认自身是否安全的需要。事实上，无论是直接受到公共安全事件威胁的人，还是处于不确定状态的局外人，个体对于社会安全威胁程度的判断能力是有限的。在威胁和风险因素不断刺激下，人们对于自身所处公共环境的安全警觉越来越高，情绪反应越来越敏感，规避风险的欲望越来越强烈。社会转型期，公共安全事件发生的频率更高，事件涉及的人数更多，影响的范围更广。当类似公共安全事件再次发生的时候，高度紧张的人们容易产生非理性的盲从行为，引发群体非理性应激心理与行为。国家统计局公布的数据显示，在影响群众安全感受的问题中，被调查人选择“刑事犯罪”的占 24.8%，选择“公共秩序混乱”的占 27.6%，选择“交通事故”的占 38.2%，选择“火灾”的占 9.4%。这说明，以“交通事故”和“公共秩序混乱”为主的“事件型”公共安全问题仍然是民众担心、焦虑不安的主要来源。

（2）传播型非理性应激心理：传播引发非理性应激心理，主要是因为即时传播信息的不可验证性。这种不可验证性本身意味着不可靠信息的扩散。不可靠信息通常指在网络上或人际关系中传播的不实信息和流言，它们是诱发群体非理性应激心理的直接导火线。一般来说，不实信息或流言的产生需要具备三个条件：不确定性的环境、不安的心理状态和相关程度。社会环境变化是不实信息和流言产生的客观基础，不安的心理状态是不实信息传播的心理条件，相关程度是不实信息扩散的心理偏好。美国社会学家奥尔波特（Allport）和博斯特曼（Postman）曾用控制实验的方式推导出著名的不实信息公式：不实信息 =（事件的）重要程度×（事件的）模糊程度。这个公式说明了一条重要的定律：在不实信息的衍生与播散中，（事件的）重要性和（事件的）模糊性呈正相关关系。

（3）混合型非理性应激心理：是由事件型非理性应激心理与传播型非理性应激心理共同作用的结果。

7. 群体应激心理与行为的研究方法

（1）社会心理学方法。1895 年，法国社会心理学家、社会学家勒庞撰写了群体行为专著《乌合之众：大众心理研究》。他认为人群集时的行为本质上不同于人的个体行为。群集时有一种思想上的互相统一，勒庞称之为“群体精神统一性的心理学定律”（law of the mental unity of crowds），这种统一可以表现为不可容忍、不可抵抗的力量或不负责任。群体行为可能是突然的和极端的；智力过程可能是初步的和机械的。这是当时盛行的几种“群体心理”理论之一。在群集情况下，个体放弃独立批判的思考能力，而让群体的精神代替自己的精神，进而，放弃了责任意识乃至各种约束，最有理性的人也会像动物一样行动。群集时还会产生一处思想的感染，使个体和群众的无意识思想通过一种神秘物作用要理互相渗透。当它成为集体时，任何一种虚弱的个人信念都有可能被强化。勒庞的思想对分析的社会心理学产生了较大影响，同时也成为现代意识形态研究中不可或缺的内容。

（2）数学物理建模方法。Helbing 等（2000）基于社会物理学理论，构建了行人动力学的社会力模型，研究了计算机虚拟突发火灾情境下行人的恐慌逃生行为机制，认为增设逃生门对提高人群逃生率无显著效果。

（3）认知神经科学方法。认知神经科学诞生于 20 世纪 70 年代后期，是一门由认知科学和神经科学交叉结合而产生的新兴学科，融合了心理学、认知科学、计算机科学和神经科学等领域的研究，从基因—脑—行为—认知角度来阐明认知活动的脑机制。董静等（2019）基于认知神经科学方法研发设计了多层结构的计算机集散控制系统，用以展现交互式虚拟危机情境、实时采集被试群体的行为数据和生理数据，研究紧急状态中的群体应激心理与行为研究。

通过对上述文献进行分析后可以看出，紧急状态中群体应激心理与行为已成为应急管理领域中的研究热点之一，特别是自 2001 年“9·11”事件、2003 年 SARS 危机和 2008 年汶川大地震后，许多学者对群体应激心理与行为加以关注并积极投入到相关研究工作中来，各自从不同角度对各类紧急状态中群体应激心理与行为进行了相关研究，研究趋势逐步从定性分析向定量分析的方向发展。国外的学者们主要采用了社会物理学、真人实验等自然科学的研究方法来研究群体应激心理与行为这一社会现象，并且取得了很多有价值的研究成果。国内的学者们则主要是从社会学、心理学角度对群体应激心理与行为展开相关定性分析研究，相关定量研究成果则相对较少，所采用的相关研究方法主要集中于结构方程模型或计量模型等社会统计方法。总体而言，关于群体应激心理与行为的定性与定量相结合的研究尚有待进一步的深入，特别是需要加强与应急管理实践的密切结合，与心理学、管理学、信息学等多学科交叉，重点地开展围绕核心科学问题、体现“国情特征”、结合国内典型案例的相关研究。

## 第七节 应急管理相关研究与进展

本书的主要内容属于应急管理研究领域，本节首先介绍紧急事件的特点，然后介绍应急管理相关研究与进展。

### 一、紧急事件的含义及特点

广义上，紧急事件可被理解为突然发生的事情：第一层的含义是事件发生、发展的速度很快，出乎意料；第二层的含义是事件难以应对，必须采取非常规方法来处理。狭义上，紧急事件就是意外地突然发生的重大事件，简言之，就是天灾人祸。

紧急事件的特点如下：

第一，引发突然性。紧急事件是事物内在矛盾由量变到质变的飞跃过程，是通过一定的契机诱发的，诱因具有一定的偶然性和不易发现的隐蔽性，它以什么方式出现，在什么时候出现，是人们所无法把握的，这就是说紧急事件发生的具体时间、实际规模、具体态势和影响深度是难以预测的。

第二，目的明确性。任何紧急事件（除自然事件外），都有明确的目的性和欲望性，因为人们选择和行为的目标，都是为了满足某种需要。自然事件本身虽无目的性，但是在处理这类事件的过程中，人们的目的性也是十分明显的。

第三，瞬间的聚众性。任何一类紧急事件，可能使其民众产生非理性应激心理与行为，引起人们的关注和焦虑不安。

第四，行为的破坏性。不论什么性质和规模的紧急事件，可能将对社会造成经济上不同程度的损失。

第五，状态的失衡性。如果将社会的正常秩序看作是均衡状态的话，那么紧急事件则使社会偏离正常发展轨道而出现了失衡。

## 二、应急管理相关研究与进展

魏玖长等（2011）基于 BASS 模型，构建了紧急事件后正确信息与不实信息的扩散模型，并通过 Matlab 软件模拟了不同参数条件下两类信息的扩散规律及扩散状态差异，他们认为要提高应急信息传播的有效性，相关管理部门可以从扩大正式渠道的覆盖范围、提高信息发布的准确性与权威性、加强公众的应急素质教育以及转变不实信息管理态度等方面入手。

丁利强（2011）探讨了紧急事件潜藏的深层次社会问题。他指出加强民众科学教育，提高民众科学素养，增强民众的独立思考能力，媒体在紧急事件中对社会负责，管理部门要建立起责任、理性、可信的形象，提高公信力，主动发布与大众攸关的公共信息将有助于应对群体非理性应激心理与行为的发生。

黄玮（2011）基于“第三人效果”理论的研究框架，对手机不实信息的生成机制进行分析，指出不实信息与“第三人效果”之间的关系，并提出规避不实信息传播的策略。

蒋蕴（2011）研究了网络微博环境中的不实信息所引起的群体恐慌的应对策略，认为在自媒体信息传播中，必须建构一种“契约精神”，理性看待内容生产中出现的偏差，认识错误并加以纠正，以净化虚拟空间的传播秩序。所提倡的契约精神，就是倡导自由、平等、守信，提高信息传播公信力；“契约信守”是契约精神的核心，在当下高度发达的传播体系下，公民新闻时代的秩序建构，必须强调规则下的“契约信守”。

罗筑娟和魏永榕（2011）研究了民众抢购食盐风波中群体应激心理与行为成因及媒体疏导，分析了诱发此次群体应激心理与行为的原因。

秦启文和周永康（2006）从社会学的角度，以及公众知情权、社会信任、公共管理三个维度的结构研究了紧急事件中人们的非理性应激心理。

孙双双（2008）对公共事件中的非理性心理进行分析，并对如何有效地调控公众的应激心理进行了探讨。

韦柳（2009）研究了紧急事件时如何消除学生群体非理性应激心理和加强学校应急管理机制。

禹卫华（2011）在新媒体环境下基于“第三人效果”理论分析不实信

息传播的认知与行为关系，探讨影响群体非理性应激心理与行为的关键因素及生成机理，其研究结果表明在不实信息传播过程中，受众产生了显著的认知偏差，信息特质、受访者对“参照群体”的预期是影响群体非理性应激心理与行为形成的重要因素，也是有效控制群体非理性应激心理与行为的关键。

张国平（2010）研究了紧急事件发生后如何做好新闻处理工作以避免和遏制群体非理性应激心理与行为的发生。

廖卫民（2011）从新闻传播学的角度研究了群体非理性应激心理与行为的传播机制，并提出了相应的应对措施与治理对策。他认为群体非理性应激心理与行为是公众在面临社会风险时，出于对自身和他人安全的考虑而产生的一种担心、忧虑乃至惊恐的应激性反应，在社会整体层面上往往导致出现过度关注、密集传播或集群行为现象，这种社会心理反应本身也是社会现实的一种折射，其来源既可能是由社会本身隐含的现实矛盾引发，也有可能是媒介过度传播的心理影响所致。从微观和宏观两个层面分析了群体非理性应激心理与行为的发生机制，分别介绍了一类风险性信息传播微观策略博弈模型和一类风险性信息传播的宏观动力模型：SIR 模型和 SIS 模型，探讨了如何应对群体非理性应激心理与行为的举措，并提出了一些有价值的针对性治理对策。

田枫和彭学涛（2010）等研究了紧急事件的网络舆情危机及其治理路径。

程华云（2003）基于参照群体理论分别从参照群体对个体影响的三个方面：信息性影响、规范性影响、价值表现性影响对 SARS 危机引起的群体非理性应激心理与行为进行了研究并提出相应的对策建议。

程曼丽（2011）研究了食品安全事件中不实信息的传播，并分别从管理部门、媒体、公众的角度讨论了应对公共卫生事件信息传播的策略。

胡海涵（2012）研究了社会不实信息的生成机制，指出首因效应、蝴蝶效应，以及群体极化等社会心理使不实信息迅速扩张，引发群体非理性应激心理与行为。

薛澜等（2003）研究了美国“9·11”事件发生后全球危机形态的变迁，并通过理论研究和案例分析，详尽探讨了处于社会转型期的我国危机形态的根源及特征，从不同的角度勾勒了现代应急管理体系的基本框架，提供了非常规决策治理的整体战略设计和制度安排，为促进公共治理结构的顺利转型和社会协调发展提出了可资借鉴的模式。

沈伟红（2006）针对转型期出现的危机，从危机特点及诱因分析入手，结合国外应急管理的先进理念和成功经验，立足于提高管理部门应急管理水平，通过对应急管理机构设置及运转等内容深入剖析，在客观分析管理部门应急管理现状的基础上，对管理部门应急管理机制建设进行了系统的思考。

李程伟（2006）立足于中国公共危机管理体制与机制的创新，对一些比较深层次的问题进行了多个学科视角的研究。所探讨的管理部门有关应急管理机制再造价值选择、法律规制、社团机制、全球化与风险社会背景下的复合治理及中国的应对等问题，都是应急管理研究中具有一定的前沿性及难度的重要问题。

江华良（2009）从实验心理学角度出发，研究了紧急事件中基于资源约束的群体应激心理和行为特征。在深入研究紧急事件、生理心理学以及群体应激心理与行为的基本概念和原理基础上，选取测试群体应激心理的认知和行为测量变量，并且设计测试问题收集相关数据，以飓风水灾事件为背景，采用一套研究团队自研设计开发的群体应激心理与行为测验系统，实时地采集相关真人实验数据，对采集到的相关数据进行了对比分析和统计检验，得出了紧急事件中群体应激心理与行为反应的相关结论。

邱军宁和李骅（2010）研究了“杞县钴 60 泄露”事件中不实信息的传播机制与应对策略。

孙嘉卿等（2009）使用内容分析和扎根理论的方法研究了“5·12 汶川地震”发生后两个月内出现的网络不实信息。结果发现此类不实信息除包含地震相关内容外，还出现了捐款不实信息等与地震间接相关的内容。不实信息通过模糊发言人角色，提高文本本身的详尽性和科学性，利用情绪、道德批判等社会心理因素使其更容易被受众接受。

苏姗和柳昊（2010）研究了网络甲流疫情报道对网民应激心理的影响，结合传播学和心理学知识，通过问卷调查、文本分析等手段对该事件网络信息传播中，网民的应激心理的产生和演化进行探析。

谭筱玲（2011）以汶川地震中的“都江堰水源污染”不实信息为个案，分析了紧急事件中的不实信息传播过程和应对策略，认为紧急状态下的社会心理易使不实信息产生更大破坏力，及时的信息公开与良好的信任机制将有利于缓解民众的非理性应激心理。

沈惠璋（2011）介绍了紧急事件的概念、应急决策模式和原则，基于范例推理的应急群决策过程，讲述了粗糙集在紧急事件范例约简中的应用，用隐马尔可夫模型对紧急事件后继事态进行预测，群决策模型和模型中隐变量规律的挖掘，马尔可夫链在群决策中的应用，紧急事件应急序贯群决策支持系统的分析、设计和实现过程，通过实证研究评估了系统效用和效果。

王欢（2003）从 SARS 流行造成的非理性群体应激心理与行为入手，着眼于大众传播、不实信息、群体压力等角度分析非理性群体应激心理与行为的成因，并提出应对非理性群体应激心理与行为的一些思考。吴兵和凤轶群（2010）以媒介产品为样本，探讨了引发非理性群体应激心理与行为的原因、影响，并就如何规范媒介行为提出了应对策略。

杨亚萍（2011）研究了现代传播环境下的“被传播”现象，即媒体将一些负面报道过分放大化的现象，分析了“被传播”背景下传统媒体舆论引导策略。

左玮娜（2006）采用文献分析法和个案研究法分析了“新浪日资背景”不实信息的传播过程，探讨了网络媒体如何避免传播网络不实信息。

陈烨（2010）选取了四个不同类型的紧急事件案例进行分析，提出了紧急事件中的网络不实信息传播流程的四阶段模式说，即“潜伏期—爆发期—变种期—消亡期”。他分析了管理部门、媒体、民众三者在面对紧急事件中的网络不实信息所处的不同角色以及作用，提出了控制网络不实信息的建议和对策。

周晓虹（2011）分析了不实信息和流言及其产生机制，以2011年中国民众抢购食盐事件为例，分析了不实信息的特征与传播规律，并提出随着现代社会风险的增长，以及传播的便捷性，增加了不实信息在现代社会中扩展和蔓延的可能性。

孙多勇（2006）提出了一种衡量个体灾难恐惧感知的Logit模型，并以SARS为例进行了实证研究，为有效地了解和预测紧急事件下个体的恐惧来源提供分析工具，文中指出适度应激心理与行为是人们面对危机事件的本能反应，要防止和遏制非理性群体应激心理与行为的传播不能依靠单一手段，还需要从心理上了解和预计个体非理性应激心理与行为的主要原因，对症下药才能奏效，提高管理部门应对能力，不但需要体制、机制和管理上的创新，还需要从心理角度积极探索消除危机不良影响的措施。

沈丹菁（2011）基于2011年中国民众抢购食盐事件研究了非理性群体应激心理与行为的发生逻辑，以及基于系统生态模型的机理分析管理部门应对策略，分析了该事件的生命周期模型的组成。

# 本章小结

本章回顾和梳理了传染病动力学方法及其稳定性、不实信息传播、应激心理与行为和应急管理等理论，国内外学者已取得的这些丰富研究成果为本书的研究工作奠定了理论基础，并提供了一定的技术支持。此章内容主要是为本书的后续展开做相应的理论铺垫与准备。

通过文献回顾不难发现，国内外关于紧急事件下非理性群体应激心理与行为的相关研究已取得了一些可圈可点的成果，这些已有成果主要集中在社会学、心理学研究方面。然而，关于紧急事件中非理性群体应激心理与行为的研究仍十分有限，因此关于这方面的定量研究尚有待进一步丰富和深入。

# 第三章

# 研究方法与模型

本书主要研究紧急事件背景下非理性群体应激心理与行为的传播建模与管理问题。为了便于在后文中对紧急事件中非理性群体应激心理与行为传播的建模研究的阐述，本章主要介绍本书中所借鉴的传染病动力学方法以及传染病动力学模型的基本形式、非理性群体应激心理与行为传播动力学方法、数学模型与计算机方法。其中，在非理性群体应激心理与行为传播动力学方法一节中介绍了群体的分类、不同非理性群体应激心理与行为状态之间的转化情形、非理性群体应激心理与行为产生的机理、非理性群体应激心理与行为传播动力学方法与传染病动力学方法之间的联系与区别等内容。

# 第一节

# 传染病动力学模型的基本形式

下面介绍几类主要的传染病动力学模型基本形式，并将它们的框图形式列举如下：

## 一、无疾病潜伏期传染病模型

不考虑出生与自然死亡等种群动力学因素。适宜于描述病程较短，从而在疾病流行期间内，种群的出生和自然死亡可以忽略不计的一些疾病。

（1）SI 模型：患病后不可治愈，且传染率为 $\beta SI$（见图 3–1）。

**图 3–1　SI 模型流程**

（2）SIS 模型：患病后可治愈，但无免疫力，传染率为 $\beta SI$，恢复率为 $\gamma I$（见图 3–2）。

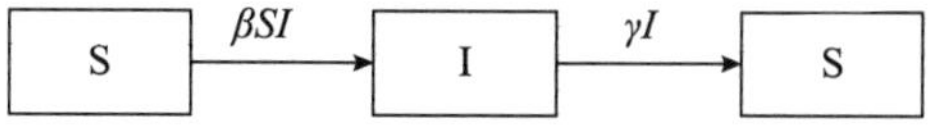


**图 3–2　SIS 模型流程**

（3）SIRS 模型：患者康复后只有暂时免疫力，单位时间内将有 $\sigma R$ 的康复者丧失免疫力而可能再次被感染（见图 3–3）。

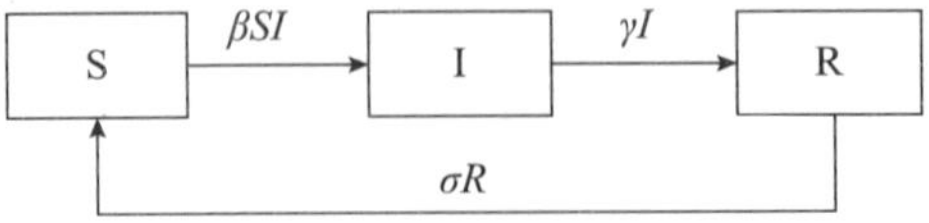


**图 3-3　SIRS 模型流程**

SIRS 模型与 SIS 模型的区别在于，后者无免疫期，康复者可以立即再次被感染，前者感染者康复后进入具有免疫力的移出者类 R，再以比例系数 $\sigma$ 丧失免疫力而变成易感者，即 $\frac{1}{\sigma}$ 为平均免疫期。

## 二、有疾病潜伏期传染病模型

即在被感染后成为患病者 $I$ 之前有一段疾病潜伏期，假定在潜伏期内的感染者没有传染力，记 $t$ 时刻潜伏期的成员数为 $E(t)$，且假设 $t$ 时刻单位时间内，由潜伏期到发病者的数量与该时刻的潜伏者数量成正比，比例系数为 $\omega$，$\frac{1}{\omega}$ 即为平均潜伏期。这样的模型有：

（1）SEIR 模型：康复者具有永久免疫力（见图 3-4）。

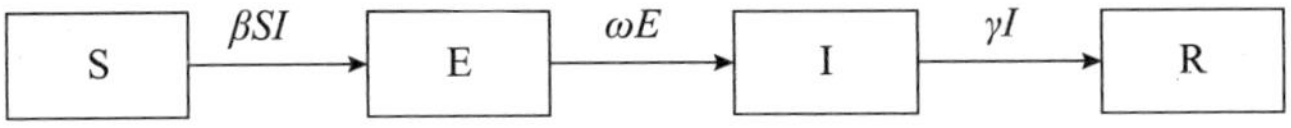


**图 3-4　SEIR 模型流程**

（2）SEIRS 模型：病人康复后仅有暂时免疫力，并以比例系数 $\sigma$ 丧失免疫力而变成易感者，即 $\frac{1}{\sigma}$ 为平均免疫期（见图 3-5）。

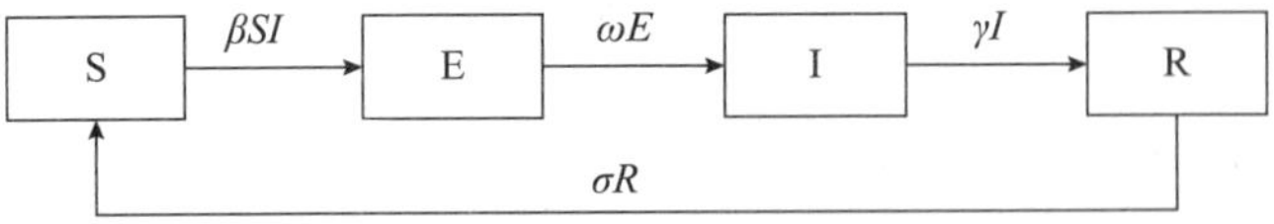


**图 3-5　SEIRS 模型流程**

## 三、添加种群动力学因素

1. 总人口恒定

即在疾病流行期间内，考虑成员的出生与自然死亡等变化，假定出生率系数（即单位时间内出生者数量在总成员数中的比例）与自然死亡率系数相等，且不考虑人口输入与输出以及因病死亡，从而总成员数保持一常数 $K$。

（1）SIR 无垂直传染模型。即母亲的疾病不会先天传给新生儿，故新生儿均为易感者（见图 3-6）。

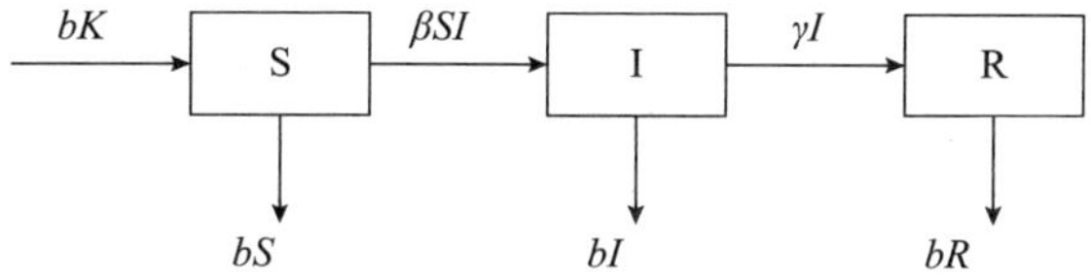


**图 3-6 SIR 无垂直传染模型流程**

这里假设出生率系数与自然死亡率系数均为 $b$，$S(t)+I(t)+R(t)=K$。

（2）SIR（有垂直传染且康复者的新生儿不具有免疫力）模型（见图 3-7）。

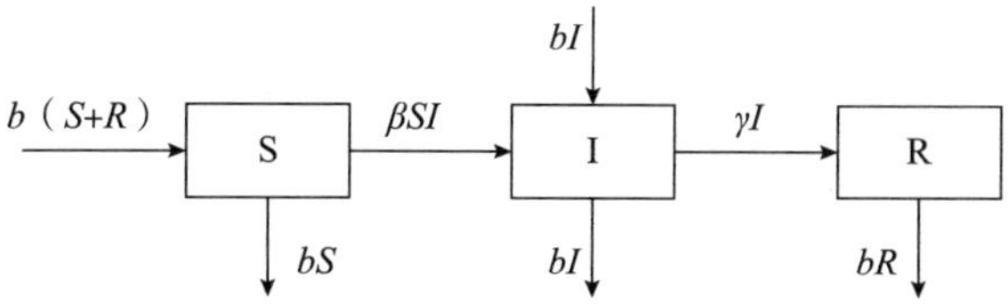


**图 3-7 SIR 有垂直传染模型流程**

2. 总人口数变动

即考虑因病死亡，成员的输入和输出，出生率系数与死亡率系数不相等，密度制约等因素，从而总人员数为时间 $t$ 的函数 $N(t)$。

（1）SIS（有垂直感染且有输入输出）模型（见图 3-8）。

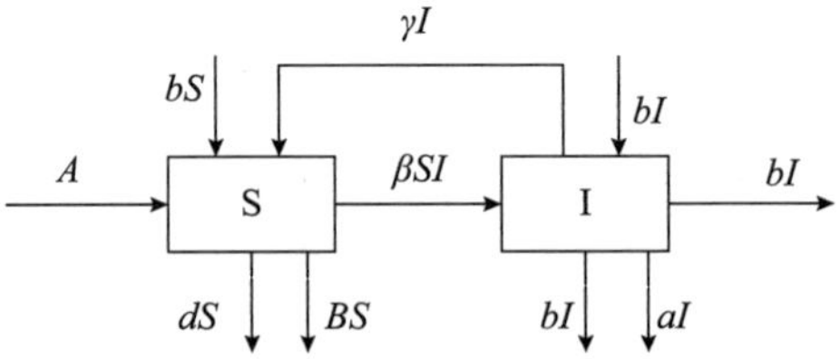


**图 3-8　SIS 有垂直感染模型流程**

这里假定出生率系数为 $b$，自然死亡率系数为 $d$，因病死亡率系数（也称病死率）为 $a$，对种群的输入率为 $A$，且均为易感者，输出率系数 $B$，且输出者对于易感者和患病者平均分配。

（2）MSEIR（有先天免疫，无垂直感染）模型，即由于母亲抗体对胎儿的作用，使部分新生儿具有暂时的先天免疫力（见图 3-9）。

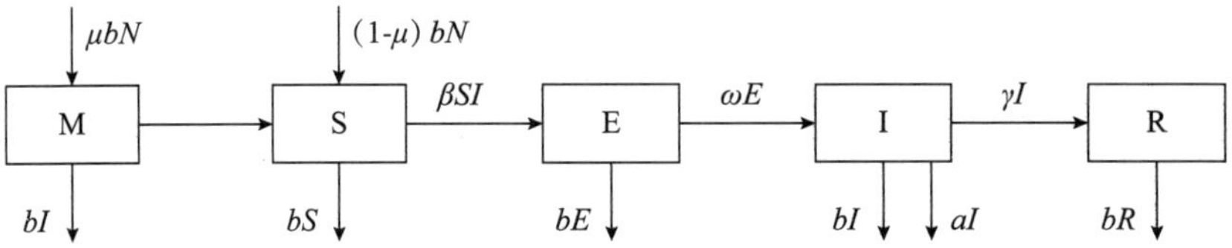


**图 3-9　MSEIR 模型流程**

这里假定有比例 $\mu$ 的新生儿具有先天暂时免疫，平均先天免疫期为 $\frac{1}{\sigma}$，然后进入易感者类；比例为 $(1-\mu)$ 的新生儿不具有先天免疫而直接归入易感者类，其余符号的含义与前面相同（马知恩等，2004）。

# 第二节
# 非理性群体应激心理与行为传播动力学方法

## 一、群体的分类

紧急事件对社会的间接影响扩散过程实际上就是非理性群体应激心理与行为的传播活动过程。借鉴传染病动力学基本思想，本书考虑构建非理性群体应激心理与行为传播动力学模型，以刻画各类紧急事件中非理性群体应激心理与行为传播过程。将紧急事件中的受众分为非理性群体应激心理与行为易感者、非理性群体应激心理与行为潜伏者、非理性群体应激心理与行为传播者、非理性群体应激心理与行为衰减者、非理性群体应激心理与行为免疫者五大类，分别与传染病动力学中的易感者、潜伏者、感染者、隔离者、免疫者相对应。

（1）非理性群体应激心理与行为易感者人群 I（Ignorants）：相当于传染病模型中的易感者群体，该类人群是对紧急事件的相关不实信息尚不知情，尚未受到非理性群体应激心理情绪传染的人群。

（2）非理性群体应激心理与行为潜伏者人群 L（Latents）：该类人群对应于传染病模型中的潜伏者人群，潜伏者已知晓相关不实信息，并未传播非理性群体应激心理的人群。这部分人群已被非理性群体应激心理情绪所“感染”，在一段时间内由于其根据自身的经验和所掌握的相关专业知识而言，对危机事件的发展态势尚不能做出及时、准确的判断，对其知晓的有限的不实信息难以分辨真伪，有一个思考的过程，持将信将疑态度，未将不实信息告知其他人。

（3）非理性群体应激心理与行为传播者人群 S（Spreaders）：该类人群对应于传染病模型中的感染者人群，与非理性群体应激心理与行为易感者 I 接触后，则会将非理性群体应激心理与行为传染给非理性群体应激心理与行为易感者 I。

（4）非理性应激心理与行为传播衰减者 A（Attenuations）：该类人群类似于传染病模型中的隔离者群体，当应急管理部门通过官方主流媒体将事实真相告知于民众时，部分传播者逐渐地减少不实信息的向外传播次数与频率。

（5）非理性群体应激心理与行为免疫者人群 R（Removed）：该类人群对应于传染病模型中的免疫者人群，对管理部门发布的及时、准确的正面信息持完全相信态度，或是根据自身掌握的科学知识、经验判断在应急管理部门的干预下危机定能得到有效的控制，内心不再感到焦虑不安，从而对非理性群体应激心理产生了一种“免疫力”，此类人群不会向他人传播非理性群体应激心理与行为，也不会再次受非理性群体应激心理与行为的“传染”。

## 二、不同非理性群体应激心理与行为状态之间的转化情形

为便于更好地理解后文，下面对传播动力学过程中可能出现的几种主要情形进行相关说明。

（1）当处于非理性群体应激心理与行为易感者个体与非理性群体应激心理与行为传播者个体相接触时，非理性群体应激心理与行为传播者则将危机信息告知非理性群体应激心理与行为易感者，此时非理性群体应激心

理与行为易感者往往不能立即对其所接收到的相关危机信息的真实性作出判断，并试图与其自身的社会网络（亲戚、熟人、朋友、同事等）进行联系，以期求证所获信息的真实性。危机中个体的这一非理性群体应激心理状态转化过程可以视为从非理性群体应激心理与行为易感者状态 I 转化为非理性群体应激心理与行为潜伏者状态 L，即为 $\boldsymbol{I \to L}$。

（2）当非理性群体应激心理与行为易感者个体与非理性群体应激心理与行为传播者个体接触时，如果非理性群体应激心理与行为易感者相信该危机信息，即认为其所感知的风险可能会对人员的生命安全构成直接威胁，或者由于受时间压力或群体压力的影响，易感者可能会选择相信这些所接收到的危机信息，并将这些信息传播给其熟人、亲友、同事等，此时，易感者 I 便转化为新的传播者 S，用 $\boldsymbol{I \to S}$ 表示。

（3）当非理性群体应激心理与行为潜伏者个体 L 在紧急事件初期对已知晓的一些不实信息可能持将信将疑的态度，但进入到危机事件的爆发期后，将信将疑的非理性群体应激心理与行为潜伏者容易受周围焦虑不安人群的影响，从而产生一种从众心理，对所获信息持完全相信态度，并积极将这些信息传播给其他人，此时个体从非理性群体应激心理与行为潜伏者状态 L 转化为非理性群体应激心理与行为传播者状态 S，用 $\boldsymbol{L \to S}$ 表示。

（4）当应急管理部门通过官方主流媒体向民众发布透明、准确的危机信息后，非理性群体应激心理与行为传播者个体 S 可能会逐渐地减少传播不实信息。此时，个体从非理性群体应激心理与行为传播者状态转化为非理性群体应激心理与行为衰减者状态，即 $\boldsymbol{S \to A}$。

（5）非理性群体应激心理与行为传播者个体 S 随着时间的迁移，可能会考虑不再继续传播不实信息，而是恢复到非理性群体应激心理与行为易感者状态，即 $\boldsymbol{S \to I}$。

（6）非理性群体应激心理与行为免疫者 R 可能在危机事件的发生过程中因某些原因（应急管理部门传递发布信息不当导致非理性群体应激心理与行为加剧、不实信息及其异化、衍生的危害等）重新转化为非理性群体应激心理与行为易感者 I，即 $\boldsymbol{R} \rightarrow \boldsymbol{I}$。

## 三、非理性群体应激心理与行为产生的机理

最初，群体中的每一个个体都处于社会结构与规范均满足社会一致性的正常状态。当这种已有的社会结构受到某种干扰因素而失序时，人们通常会感到种种不安和忧虑，试图了解更多关于这类刚发生的不确定性与模糊状态的信息。其中，干扰因素指的是对人们的生命安全造成威胁的事件，如火警或烟雾报警，这类事件往往能吸引人们的关注，并迫使人们产生应激行为，从而导致社会的动荡。在此之后，人们开始搜寻各类能有助于他们认知目前状态的有关信息。特别是在权威管理部门没有及时向公众发布相关真实信息的情况下，人们无法预判事态进一步发展的趋势，并且自身的安全感也会不断降低，面对各种小道消息或未经证实的伪信息，人们普遍抱有的态度是“宁可信其有，不可信其无”，此时的人们更倾向于相信不实信息，人们的行为开始失常。由于想知道已发生的情况，人们开始观察周围其他人的反应并将别人的反应与自己的预期作对比分析。因为与自身密切相关，个体与个体之间的交流更为迅速和直接，形成了一个关于事件发展过程的共同关注的氛围。于是就从集体阶段进入到集体兴奋阶段，当群体中个体的陈述被组合和综合起来时，就形成了对事件的群体共识。这种共识会增加个体的易感性和从众性，同时减少了个体的非从众性。社会传染性是群体兴奋的一种激烈形式，使群体共同意志快速传播，提高社会凝聚力，促使集群行为形成。最后，当个体形成了对事件发生状态的群体意志表达，个体开始选择和行动。此时，为生

存而竞争的群体危机达到顶峰状态，便产生了非理性群体应激心理与行为。由于个体未采取他们本应该遵循的传统行为方式，因此其结果是难以预料的。

## 四、非理性群体应激心理与行为传播动力学方法与传染病动力学方法之间的联系与区别

非理性群体应激心理与行为与“病毒”具有一个共同的特征，两者都可以在人群中扩散、传播，即两者都具有“传染性”。本书研究正是基于此共同特征而考虑借鉴传染病动力学方法来研究非理性群体应激心理与行为传播的过程，分析对于非理性群体应激心理与行为的防控策略。

“非典”病毒虽然具有很强的传染性，但非理性群体应激心理与行为等“集合行为”甚至具有更强的传染性。有时候，不实信息造成了群体中的一种焦虑不安的气氛或情绪，人们很容易被感染。在紧急状态中，人们很容易产生被动接受和模仿行为，人们往往不假思索就趋同于其他人的行为。

对于这种非理性群体应激心理与行为现象有两种解释，一种是“非理性”解释，认为在紧急状态下，人们的理性程度降低了，于是产生很多“非理性”行为。另一种是理性解释，个人并非没有理性，他们的逃离是源于“趋利避害”的理性选择。但有时个人理性行为的集合，会酿成群体的灾难。所以，不管发生什么事情，我们首先要镇定，不要焦虑不安，这样就可以阻断“集合行为”的传染。

人们日常的行为规矩，是社会秩序的基础。紧急事件发生后，非理性群体应激心理与行为在短时间内会导致原有的规范暂时失效，形成“无规范”局面。阻止非理性群体应激心理与行为的关键，就是迅速建立新的规

范。研究证明，紧急状态下人们的行事规则，容易受最先行为者的带头作用影响，从而形成“紧急规范”。因此，在紧急事件发生之后，相关管理部门应及时地向民众发布相关权威信息。

由于电话、短信、互联网的存在，信息传播速度超乎想象。个人传播信息时容易出现变形，信息在被“磨平”“削尖”的过程中就成为失真的信息，或者叫作不实信息。不实信息的产生是一种社会现象，尤其是情绪的表达方式，更是一种心理投射。处于大规模的危机状态时，人们希望缩短人际距离，私下交往开始活跃，以消除和释放不安，但也常有不实信息产生其中。不实信息具有情绪性和感染性，这就容易使群体产生焦虑不安情绪。

深入地研究非理性群体应激心理与行为的传播规律是制定合理、有效的防控措施的首要条件，而对非理性群体应激心理与行为传播规律的研究不可能采取实验形式。因此，相关数学模型在计算非理性群体应激心理与行为传播动力学参数，模拟非理性群体应激心理与行为传播动态，评价防控策略的有效性等方面发挥着巨大作用。如何运用信息技术精确地描述真实世界的复杂性从而逼真地反映恐慌的传播动态，是非理性群体应激心理与行为动力学建模面临的主要问题。不同的紧急事件情境下，个体经历的非理性群体应激心理与行为状态过程不尽相同。

传染病动力学是对传染病的流行规律进行理论性定量研究的一门重要学科。它是根据疾病的发生、种群生长的特性和在种群内传播、发展规律，以及与之相关联的社会因素等，建立能反映传染病发展变化过程和传播规律的数学模型，通过对模型动力学性态的定性、定量分析和数值模拟分析传染病的发展过程，预测疾病发生的状态，揭示其流行规律，分析疾病流行的原因和考察相关的影响因素，评估各种控制措施的效果，寻求其预防和控制的最优策略，为防治决策的制定提供理论依据。目前已经存在多个病毒传播模型在公共健康政策的决策中产生了重要影响并发挥了积极作用。与传统的生物统计学方法相比，动力学方法能更好地刻画疾病流行过程中的一些全局性态，描述疾病的传播机理，揭示疾病流行的一般规律。传染病动力学与计算机仿真、生物统计学等方法的相互结合、相辅相成，使我们对疾病流行规律的认识更加深入、更为全面，能使所建立的理论与防治策略更符合实际、更为可靠，从而更好地用于指导实践、服务于实践（马知恩等，2004）。

非理性群体应激心理与行为传播与疾病传播两者的区别：从非理性群体应激心理与行为的定义可知，非理性群体应激心理与行为是人们在面对现实或想象的威胁时产生的特定心理反应。因而是人的主观心理感受，非理性群体应激心理与行为的传播是传播者的一种主观能动性的活动，传播者可以自我选择是否相信并继续传播或完全不相信不传播该不实信息。然而相对而言，疾病的传播则是一种客观的活动过程，如果易感者与感染者接触后，不管易感者是否情愿，病毒都将由感染者传染给易感者。因此，非理性群体应激心理与行为传播过程与疾病的传播过程相似但并不完全一致，仍有不同之处。在第五章中关于非理性群体应激心理与行为传播模型的构建将具体阐述两者之间的这一区别。

## 第三节

# 数学模型方法

所谓原型就是指人们在社会实践中所研究的现实世界中的事物或现

象。在科技领域常常把所考察的原型称为系统，如机械系统、经济系统、管理系统、生态系统等。所谓系统是由相互依存、相互作用的若干元素结合而成的具有特定功能的有机整体。

所谓模型是指为了特定目的将原型所具有的本质属性的某一部分信息经过加工、升华、提炼而成的原型替代物。

所谓数学模型是指对某种事物系统的特征和数量关系，借助数学语言而建立的符号系统。技术科学层次的系统理论和系统工程，主要都是使用数学模型作为定量分析工具，以便给出设计、操作系统所必需的定量结论。但数学模型同样可以用定性描述系统的工具，对于描述系统演化现象来说，人们关心的主要是系统定性性质的改变与否，因此定性分析是更基本的研究方法。

换言之，给对象实体以必要的简化，用适当的表现形式或规则把它的主要特征、相互关系和运行机理等描绘出来，这样得到的模仿品称为模型，对象实体称为原型。模型方法是系统科学的基本方法，研究系统一般都是研究它的模型，有些系统只能通过模型来研究。构造模型是为了研究原型，客观性、有效性是对建模的首要要求，反映原型本质特性的一切信息必须在模型中表现出来，通过模型研究能够把握原型的主要特性。

数学模型的应用无论是在纯科学领域还是在实际工程领域中都有着广泛的应用，通常一个数学模型有两个主要的用途：①数学模型可以帮助人们不断地加深对实际物理系统的认识，并且启发人们去进行可以获得满意结果的实验；②数学模型有助于提高人们对实际系统的决策和干预能力。

数学模型按建立方法的不同可分为三种：①机理模型：采用演绎方法，运用已知定律，用推理方法建立数学模型。②统计模型：采用归纳法，它根据大量实测或观察的数据，用统计的规律估计系统的模型。③混合模型：是理论上的逻辑推理和实验观测数据的统计分析相结合的模型。

按所描述的系统运动特性和运用的数学工具特征，数学模型可分类为线性、非线性、时变、定常、连续、离散、集中参数、分布参数、确定、随机等系统模型。系统就是一些具有特定功能的、相互之间以一定规律联系着的物体所组成的一个总体。系统一般均具有 4 个重要的性质，即整体性、相关性、有序性和动态性。建立系统概念的目的是深入认识并掌握系统的运动规律。因此不仅要定性地了解系统，还要定量地分析、综合系统，以便能更准确地解决工程、自然界和现代社会中的种种复杂问题。定量地分析、综合系统最有效的方法是建立系统的模型，并使用高效的数值计算工具和算法对系统的模型进行解算。采用模型法分析系统的第一步是建立系统的数学模型。因为数学模型就是把关于系统的本质部分信息抽象成有用的描述形式，所以抽象是数学建模的基础。例如，集合的概念是建立在抽象的基础上的，共同的基础使集合论对于建模过程非常有用。这样，数学模型可以看成是由一个集合构造的。

数学模型在解决具体的实际问题中具有的优点：首先，在于数学模型为原型提供了简洁的形式化语言；它用数学符号、图像、公式揭示原型的性质、规律和结构等，便于人们把握原型系统，数学模型能定量地描述生命物质运动的过程。一个复杂的实际问题借助数学模型能转变成一个数学问题，通过对数学模型的逻辑推理、求解和运算，就能够获得客观事物的有关结论，达到对客观现象进行研究的目的。数学模型所提出的数学问题的解完全依赖于数学的概念、命题、演算方法和逻辑推理，这又为人们提供了抽象思维的工具。所以数学模型也是人们把握感情经验无法把握的客观现象的有效手段。其次，科学发展的一条规律是从定性描述到定量分析，数学模型就为具体问题提供了数量分析和计算方法，牛顿运动定律和开普勒三大定律都是数学上定量分析的结果。为了研究的目的而建立，它能够表现和描述真实世界某些现象、特征、规律的数学系统，称为数学模型。数学建模是建立研究对象数学模型并进行求解、分析的一整套过程，其研究问题是人们在工程技术、科学研究和经济管理的诸多领域中经常遇到的问题。由于数学模型已被广泛地运用社会、经济、科学等各个领域，显示出很强的生命力。

按照构造模型的成分，有实物模型和符号模型两种。符号模型又包括概念模型、逻辑模型和数学模型。但最重要的是数学模型，通常所谓研究系统的模型化方法，就是指为系统建立数学模型，通过分析模型来解决问题的一整套方法和程序。

按照模型的功能，有解释模型、预测模型和规范模型的划分。模型的首要功能是提供一个框架，能够恰当地整理和组织观察数据、资料、信息，对原型系统的行为特征和运行演化规律作出解释，所以一般来说，模型首先是一种解释模型，基于系统的组分、结构、环境和现在的行为，能够对系统的未来行为特性作出预测的模型，是预测模型。预测模型也是解释模型，预测是特殊的解释。规范模型的功能在于提供按照一定目的影响和改变系统行为特性的思路和方式。

数学建模的整个过程包括模型准备、模型假设、模型建立、模型求解、模型分析与验证几个阶段。

（1）模型准备。弄清问题背景，收集数据资料。该阶段必须深入生产和科研实际，掌握与课题相关的第一手资料，汇集与课题有关的资料和数据，弄清楚问题的实际背景和建模的目的，进行建模的筹划与决策安排。

（2）模型假设。定性分析，认识研究对象的因素和环境。根据第一阶段的资料与数据，提取出那些反映问题本质属性的形态、量及其关系，简化掉那些本质的因素，也就是摆脱原型的具体复杂形态，形成对建模有用的信息资料和前提条件。

（3）模型建立。根据因素特性和建模目的，运用各学科知识建立数学关系。该阶段首先分析哪些因素是自变量，哪些因素是因变量，哪些因素是已知的量，哪些因素是未知的量；然后分析各个因素之间的关系，选择恰当的数学工具和建模方法，来构造出实际问题的数学模型。

（4）模型求解。运用数学方法求解和计算机仿真。

（5）模型分析与验证。建立的数学模型需要对具体的现象进行合理的解释，这一步叫作模型的分析。结合实际问题定性和定量地检验模型的正确性和有效性，是使用模型的前提。如采用微分方程建模时分析微分方程的稳定解，采用回归分析时须进行模型有效性检验等（董文永等，2010）。

## 第四节 计算机仿真方法

仿真是对现实系统的某一层次抽象属性的模仿。人们利用这样的模型进行试验，从中得到所需的信息，然后帮助人们对现实世界的某一层次的问题做出决策。仿真是一个相对概念，任何逼真的仿真都只能是对真实系统某些属性的逼近。仿真的基本含义是：构建一个实际系统的模型，对它进行实验，以便理解和评价系统的各种运行策略。这里的模型是一个广义的模型，包含数学模型、物理模型等。显然，根据模型的不同，有不同方式的仿真。利用模型复现实际系统中发生的本质过程，并通过对系统模型的实验来研究存在的或设计中的系统，又称为模拟。这里所指的模型包括物理的和数学的、静态的和动态的、连续的和离散的各种模型。所指的系统也很广泛，包括电气、机械、化工、水力、热力等系统，也包括社会、经济、生态、管理等系统。当所研究的系统造价昂贵、实验的危险性大或需要很长的时间才能了解系统参数变化所引起的后果时，仿真是一种特别有效的研究手段。

仿真的重要工具是计算机。仿真与数值计算、求解方法的区别在于它首先是一种实验技术。仿真的过程包括建立仿真模型和进行仿真实验两个主要步骤。仿真模型是被仿真对象的相似物或其结构形式，它可以是物理模型或数学模型。通过实验可观察系统模型各变量变化的全过程。为了寻求系统的最优结构和参数，常常要在仿真模型上进行多次实验。在系统的设计阶段，人们大多利用计算机进行数学仿真实验，因为修改、变换模型比较方便和经济。因此计算机仿真在仿真技术中占有重要地位。

计算机仿真是应用电子计算机对系统的结构、功能和行为以及参与系统控制的人的思维过程和行为进行动态性比较逼真的模仿。首先，通过建立某一过程或某一系统的模式，来描述该过程或该系统。其次，用一系列有目的、有条件的计算机仿真实验来刻画系统的特征，从而得出数量指标。数量指标能为决策者提供关于这一过程或系统的定量分析结果，从而作为决策的理论依据。是以相似原理、信息技术、系统技术及相应领域的专业技术为基础，以计算机和各种物理效应设备为工具，利用系统模型对实际的或设想的系统进行试验研究的一门综合性技术。计算机仿真技术具有经济、安全、可重复和不受气候、场地、时间限制的优势，被称为除理论推导和科学试验之外的人类认识自然、改造自然的第三种手段。

计算机仿真方法是应用计算机技术飞速发展之后提出的新方法。可以从以下几方面来理解该方法：

一方面，在动力学模型应用研究中都需要计算机才能实现。随着模型的复杂和运算量的增加显得日益重要。动力学研究也离不开计算机的软件设计工作。

另一方面，当计算机的能力提高后，我们可以利用计算机进行模拟试验。模拟有两种方式：一种是基于一定的数学模型，设计程序，给出不同的参数，在计算机上运行该数据模型，以数据模型的运行模拟实际现象。另一种方式是依据对实际现象的观察了解，设计相应的计算机系统来代替某种实际现象，运行该系统在计算机中重演物质运动的过程，由此了解物质运动的规律。这种方式对客观实际现象的模拟比较真实，但是实现这种模拟要求计算机具有较大的信息存储容量和较高的运行速度。计算机技术的提高为实现这种模拟创造条件。

# 本章小结

本章首先对传染病动力学的几种基本形式做了相关介绍，然后在此基础上，对本书中主要的研究方法即非理性群体应激心理与行为动力学方法进行了引述，其中包括群体的分类以及非理性群体应激心理与行为状态之间的转化，对非理性群体应激心理与行为的发生机理做了深入分析，并探讨了非理性群体应激心理与行为传播动力学方法及其与传染病动力学方法两者间的联系与区别，最后介绍了数学模型方法与计算机方法的相关知识。本章内容为第四章、第五章的研究做了必要的理论准备与进一步的铺垫。

第四章

# ILSAR型群体应激心理与行为传播建模及管理

本章在对非理性群体应激心理与行为发生特征进行深入分析的基础上，构建了一个非理性群体应激心理与行为传播动力学模型，以刻画非理性群体应激心理与行为传播的过程，笔者分析了所建模型的相关动力学性态，通过数值实验验证了相关理论分析结果，并且进一步探讨了相关防控管理策略对非理性群体应激心理与行为传播的影响，最后，为相关应急管理部门有效应对非理性群体应激心理与行为传播提供了一些参考建议。

# 第一节

# 非理性群体应激心理与行为分析

## 一、引言

从某种意义上说，中国的应急管理理论是在一次次紧急事件应对和教训中总结出来的，每发生一次紧急事件，出现一些问题，就会总结一些经验和教训。进入 21 世纪，我国正处在一个深刻变化的社会转型期，国内经济发展水平迅速提升，各种潜在或现实的社会风险越发突出，尤其是事故、灾难、风险日益增多，风险类型也愈发多元化、复杂化，对我国的应急管理工作提出了新的挑战。

群体非理性应激心理与行为发生过程中，民众究竟具有怎样的应激心理与行为特征？非理性应激心理与行为传播的机理是怎样的？应急管理部门如何有效应对群体非理性应激心理与行为的传播，最大限度地避免非理性应激心理与行为所引起的损失？为避免或减少群体非理性应激心理与行为的再次发生，应急管理部门应该采取哪些有效防控措施？本章笔者将进行全方位的剖析，并逐一回答上述问题。

## 二、紧急事件中群体非理性应激行为的形成

群体非理性应激心理与行为是如何形成的？为深入分析紧急事件中群体非理性应激心理与行为的形成过程，笔者阅读了相关的文献资料，将结

合心理学、社会学、系统科学等多学科知识对其进行分析和解读：

1. 个体非理性应激行为心理的产生

很多历史事实表明，紧急事件的发生，对居住在事发地附近地区的民众的生命财产安全会构成直接的威胁，并导致人员出现致伤、致残乃至死亡等严重后果，除了对人员造成中毒伤亡外，还会对水源、空气等造成环境污染，其负面影响不容小觑。正是由于意外事故屡屡发生对人员及环境造成十分严重的危害后果，民众对紧急事件的发生显得非常敏感，特别是那些生活在事发地附近的民众更是整天提心吊胆，人心惶惶，如果遇到一点“风吹草动”，便可能导致民众的心理极度紧张、焦虑和慌乱。在紧急事件中，民众如果惊闻危机信息，出于维护自身安全的本能，便会产生逃生行为。长期生活在这样的环境中，当地居民对于周围的生存环境的安全性很难有一个确定的把握，从而导致民众面对环境变动的自我调适能力不断减弱，甚至成为“惊弓之鸟”，难免心存焦虑。

2. 非理性应激心理的耦合作用

各类紧急事件之间，以及紧急事件与非理性应激行为之间具有一定的相互作用关系，这种相互作用往往是负面的，称之为非理性应激心理的耦合作用。历史上已经发生的紧急事件导致的人员身体上的伤残、心理的慌乱及其对环境的危害等严重后果，使民众对紧急事件的发生都极其敏感，自然地将历史上发生的紧急事件与现实联想起来，当未经证实的消息传来，由于这种恐慌心理的耦合作用，加剧了民众的非理性应激心理情绪。例如 1984 年 12 月 3 日凌晨，设在印度中央邦首府博帕尔的美国联合碳化物公司的一家农药厂发生异氰酸甲酯（MIC）毒气泄漏事件，该农药厂的三号异氰酸甲酯地下储罐发生事故，毒气大量溢出，而且安全阀失灵，在两小时内 45 吨异氰酸甲酯泄漏殆尽，外泄毒气在没有任何征兆的情况下，开始在博帕尔的上空蔓延，扑向熟睡的民众，茫茫黑夜中人们窒息难忍，四处狂奔，陷入极度的恐慌和混乱中，很多人头晕目眩、恶心呕吐、筋疲力尽。严重中毒者则迅速失去知觉，瘫倒在地，再也没起来。该事件直接导致3150人死亡，5万多人失明，2万多人受到严重毒害，近8万人终身残疾，15万人接受治疗，受这起事件影响的人口多达150余万人，约占博帕尔市总人口的一半。很快，毒气笼罩了近40平方千米的范围。人们在睡梦中惊醒，咳嗽，呼吸困难，眼睛灼痛，这一切预示着噩梦的开始。受害者挤满了医院，医生却对有毒物质的性质一无所知。街上的人群以及鸡、鸭、牛、羊等动物无一幸免，其状极其惨烈。惨痛的事实令全世界为之震惊。在此之后，民众一直心有余悸，经年累月在他们内心造成难以消弭的阴影。正是这种“一朝被蛇咬十年怕井绳”的心理，使民众对危机信息十分敏感，当他们一看到“险情”“事故”，抱着“宁可信其有，不可信其无”的态度，第一反应就会立刻采取紧急逃生行动。当这种非理性应激心理的耦合作用瞬间发酵膨胀，便会导致严重后果的出现。

3. 群体非理性应激心理的形成

在紧急事件发展过程的初期，如果非理性应激心理与行为易感者不能及时地得到官方媒体公布的可靠信息，他们通常会第一时间利用网络、微博、微信、论坛等媒介向家人、亲戚、朋友、同事、邻居等共享、传递这些信息。在信息的传递过程中，可能由于种种原因会出现信息的异化、歧义与放大，从而导致非理性应激心理加剧。在紧急事件中，民众将通过电话或短信相互传递着“紧急信息”，这一过程中，事件的危害程度也在人们口耳相传中愈发严重，最终导致危机的发生。从社会心理学角度对此进行分析，Noelle-Neumann（1993）在“The Spiral of Silence：Public Opinion-Our Social Skin”一文中提出了一个“沉默的螺旋理论”，该理论指出如果一个人感觉到他的意见是少数的，他比较不会表达出来，因为他害怕被多数的一方报复或孤立。这一理论假设人们总是在判断什么是公众的观点，而且他们经常通过媒体来判断。由于在群体中普遍存在的从众心理与群体压力，以及“群体暗示”与“群体感染”，使个体的非理性应激心理很快就演变成为一定规模的群体非理性应激心理。法国社会心理学家勒庞认为，处于激动人群中的个人具有很强的被暗示性，周围人的话语、表情、动作乃至现场的氛围，都能对个体形成有力的暗示刺激，使他的信念、思维和行为方式迅速与现场的人群融为一体。在不实信息传播之后，如果周围很多人都选择了逃生，便对群体中的个体产生一种群体暗示效应。因为突发危机的不确定性与威胁性，不容民众有时间去确认危机信息的真实性，而民众受从众心理影响就会盲目地加入到逃生的队伍中去。个体受到现场气氛的感染，非理性应激心理迅速在群体中蔓延，便可能引发群体的非理性应激出逃行为。

## 三、紧急事件中群体非理性应激心理与行为状态之间的转化分析

因为构建群体非理性应激心理与行为传播动力学模型的需要，下面将对紧急事件中群体非理性应激心理与行为状态转变关系作相关分析。

为了叙述的方便，首先介绍几个相关群体类别的概念。借鉴传染病动力学理论，根据紧急状态下个体的应激心理与行为状态，将群体非理性应激心理与行为传播过程中的人群分为以下五类：非理性应激心理与行为易感者 I（Ignorants）、非理性应激心理与行为潜伏者 L（Latents）、非理性应激心理与行为传播者 S（Spreaders）、非理性应激心理与行为传播衰减者 A（Attenuations）、非理性应激心理与行为免疫者 R（Removed）。

在分析了相关文献资料中有关紧急事件中群体的心理状态描述的基础上，总结出紧急事件中群体不同应激心理与行为状态之间的转化形式如下：

（1）非理性应激心理与行为易感者转化为非理性应激心理与行为潜伏者（$\boldsymbol{I} \rightarrow \boldsymbol{L}$）。

心理学的研究表明，当人们由于受到自身或外界的变化或遇到自己未经历过的事件或关系到自己或亲友生命安全的事情时，会出现所谓的心理危机或心理焦虑。从心理学的角度而言，人遇到危险时产生恐惧是自己直觉的本能反应，对大多数人来说，都没有抵御生命和财产威胁的心理准备，所以突然发生的危机往往会使人受到惊吓、产生慌乱情绪，出现不确定感与不安全感，这可称之为公众的危机“应激反应”。通常情况下，处在危机事件中的公众，其“应激反应”的主要表现为焦虑、从众、集合行为等。

当危机发生后，各级管理部门和媒体未能及时发布或报道危机信息时，各种“小道消息”就会在民众中滋生和蔓延。当人们面临一个复杂的、不确定的决策性问题时，由于信息加工能力有限、时间有限或缺乏先前的经验等，人们难以在短时间内对相关信息的真实性作出判断。这一过程称此时民众将经历一个潜伏期。

紧急事件中的民众在得知相关不实信息时，由于管理部门未能及时地向民众发布相关信息，民众试图通过相关媒体渠道以确认相关信息，从而消除自己不确定性与焦虑感的心理。因此，从动力学角度出发，可将民众的这种心理状态理解为一个“非理性应激心理与行为潜伏期”。此时，非理性应激心理与行为易感者（Ignorants）转化为非理性应激心理与行为潜伏者（Latents），用$\boldsymbol{I} \rightarrow \boldsymbol{L}$表示。

（2）非理性应激心理与行为潜伏者转化为非理性应激心理与行为传播者（$\boldsymbol{L} \rightarrow \boldsymbol{S}$）。

社会学研究表明，在紧急事件中，不实信息在民众中迅速传播，此时民众个体在时间有限、资源受约束的条件下，受到群体成员之间的暗示和情绪的感染，以及群体压力、群体规范的影响，容易表现出极端的模仿和非理性的集合行为。所谓群体压力，当群体成员的思想或行为与群体意见或规范发生冲突时，成员为了保持与群体的关系而需要遵守群体意见或规范时所感受到的一种无形的心理压力，它使成员倾向于作出为群体所接受的或认可的反应。所谓集合行为，是指不受现有社会规范控制的人数众多的自发的无组织行为，具有自发性、狂热性和无组织性等特征，又称之为“集体行为”或“大众行为”“集群行为”。法国社会心理学家勒庞认为，处于激动人群中的个人具有很强的“被暗示性”，周围人的话语、表情、动作乃至现场的氛围，都能对个体形成有力的暗示刺激，使他的信念、思维和行为方式迅速与现场的人群融为一体。个体由于对紧急事件的不确定性难以预测，就会感到不知所措，在群体暗示和感染的作用下容易产生从众心理，并且这种危机状态下从众偏向于盲从。所谓从众行为是指个人在群体中，因受到群体的影响和压力，使其在知觉、判断及行为上倾向于与群体中多数人一致的现象。所谓盲从，是指缺乏分析，不作独立思考和基本的判断，不问是非的附和别人。

在紧急事件中，不实信息通过手机、短信等渠道迅速在人群中传播开来。一方面，民众听闻不实信息后纷纷选择出逃，这样的非理性的集合行为对群体中的其他个体会产生一种强烈的群体暗示和情绪感染的影响，那些起初持将信将疑态度的民众看到大街上很多人在逃生时，由于从众心理的作用和出于对自身安全的考虑，这部分民众也加入逃生的队伍中。另一方面，在紧急事件中，强烈的危机刺激以及事发当时信息的模糊性使民众产生巨大的心理压力。为了躲避即将来临的“灾难”，民众在得到其亲戚好友的“提示信息”后，尽管不能立即对此消息的真实性作出有效判断，但其出于寻求自身安全的本能而“宁可信其有，不可信其无”，选择“赶快逃生”并将此信息转发给其亲友、同事和朋友等。此时，非理性应激心理与行为潜伏者（Latents）转化为非理性应激心理与行为传播者（Spreaders），用 $L \rightarrow S$ 表示。

如果个体在得知不实信息之初时，并未将其当回事，此时他是一个非理性应激心理与行为潜伏者，随后又在非理性应激心理与行为传播者的催促之下，以及外部环境氛围的群体暗示和群体感染的影响下产生了从众的心理，相信不实信息，于是下定决心选择逃亡，并将此不实信息转告其家人，进而举家逃亡，此时的个体便成为了一个非理性应激心理与行为传播者。根据以上的分析，可以将此状态转化过程理解为民众由非理性应激心理与行为潜伏者（Latents）转化为非理性应激心理与行为传播者（Spreaders），用 $L \rightarrow S$ 表示。

（3）非理性应激心理与行为传播者转化为非理性应激心理与行为衰减者（$S \rightarrow A$）。

在应急管理部门采取多项措施积极向民众进行辟谣后，民众开始相信官方主流媒体发布的辟谣信息，非理性应激心理与行为传播者通常会逐渐地减少传播不实信息的次数与频率。当应急管理部门向民众发布相关辟谣信息后，民众开始陆续返家。根据以上的分析，可将此状态转化过程理解为民众由非理性应激心理与行为传播者（Spreaders）转化为非理性应激心理与行为衰减者（Attenuations），用 $S \rightarrow A$ 表示。

（4）非理性应激心理与行为衰减者转化为非理性应激心理与行为免疫者（$A \rightarrow R$）。

当非理性应激心理与行为衰减者确信由官方主流媒体发布的辟谣信息后，通常不再相信传播者转发来的不实信息，即对不实信息产生了“免疫力”。同时也不再继续向他人传播不实信息。此时，非理性应激心理与行为衰减者（Attenuations）转化为非理性应激心理与行为免疫者（Removed），用 $A \rightarrow R$ 表示。

综上所述，我们可得，紧急事件中民众的应激心理与行为状态转化的动力学基本流程为：$\boldsymbol{I} \to \boldsymbol{L} \to \boldsymbol{S} \to \boldsymbol{A} \to \boldsymbol{R}$。在此基础上，笔者考虑构建一类ILSAR 型群体应激心理与行为传播动力学模型来刻画紧急事件中群体应激心理与行为的传播过程。

本书主要借鉴了经典传染病动力学的建模思想来构建相关群体应激心理与行为传播动力学模型。为便于理解，在介绍所建的 ILSAR 群体应激心理与行为动力学模型之前，笔者将先介绍一类经典的 SIR 传染病模型，再阐明两者之间的联系与区别。

1927 年，传染病动力学建模研究的奠基人 Kermack 和 Mckendrick 考虑了一类发生率为双线性形式的 SIR 模型以描述某种疾病在人群中传播的过程，其相关数学模型为：

$$\begin{cases} \dfrac{dS}{dt} = bN - \beta SI - bS \\ \dfrac{dI}{dt} = \beta SI - \gamma I - bI \\ \dfrac{dR}{dt} = \gamma I - bR \end{cases} \tag{4-1}$$

Kermack 和 Mckendrick 的 SIR 仓室模型考虑出生与死亡的人口动力学因素，设 $N$ 是总人口数，$S$ 是易感者类及其数量，$I$ 是感染者及其数量，$R$ 是移出者及其数量。将式（4-1）的三个方程两端相加，可得 $\dfrac{dS}{dt} + \dfrac{dI}{dt} + \dfrac{dR}{dt} = \dfrac{dN}{dt} = 0$。

即总人口 $N$ 满足 $N(t) = S(t) + I(t) + R(t) = M$（常数）。

进一步假设在疾病流行期间，人口的出生率系数和自然死亡率系数相等，其值为 $b$，不考虑因病死亡，且新生儿都是易感者，疾病的发生率为双线性 $\beta SI$，$\gamma$ 是恢复率系数，感染者移出后不再被传染。书中给出了式

（4-1）的基本再生数为：$R_0 = \dfrac{\beta K}{\gamma + b}$。

Kermack 和 Mckendrick 证明了当 $R_0 < 1$ 时，方程有唯一的无病平衡点 $E_0(K, 0)$；当 $R_0 > 1$ 时，方程有地方病平衡点 $E_+ \left(\dfrac{b+\gamma}{\beta}, \dfrac{b[\beta K - (b+\gamma)]}{\beta(b+\gamma)}\right)$。他们还研究了该模型在上述系统的平衡点处的稳定性，并给出这样的结论：当 $R_0 < 1$ 时，式（4-1）的无病平衡点 $E_0(K, 0)$ 全局渐近稳定。当 $R_0 > 1$ 时，无病平衡点 $E_0(K, 0)$ 不稳定，地方病平衡点 $E_+ \left(\dfrac{b+\gamma}{\beta}, \dfrac{b[\beta K - (b+\gamma)]}{\beta(b+\gamma)}\right)$ 全局渐近稳定。

Kermack 和 Mckendrick 的研究工作成果为传染病动力学建模研究奠定了基础，其基本思想如今仍然被广泛地使用和不断地发展着。后来有学者在 Kermack 和 Mckendrick 的 SIR 传染病动力学模型研究的基础上，提出并研究了 SIRS、SEIR、SEIRS 等多种形式的动力学过程的模型。

本书中的 ILSAR 型群体应激心理与行为传播动力学模型与经典的 SIR 模型两者之间的相似之处在于：在紧急事件过程中，民众经历了从非理性应激心理与行为易感者到非理性应激心理与行为传播者，以及从非理性应激心理与行为传播者到非理性应激心理与行为免疫者，这两个过程与经典的 SIR 传染病模型动力学过程相似。本书中的 ILSAR 型群体应激心理与行为传播动力学模型与经典的 SIR 模型两者之间的区别在于：ILSAR 型群体应激心理与行为传播动力学模型还包括了一个从非理性应激心理与行为易感者转化为非理性应激心理与行为潜伏者的过程，以及一个从非理性应激心理与行为衰减者转化为非理性应激心理与行为免疫者的过程。

## 四、ILSAR 型群体应激心理与行为传播动力学模型

本部分将介绍一类 ILSAR 群体应激心理与行为传播动力学模型。

假设不实信息在一个总人口为 $N(t)$ 的区域内传播，其中 $N(t)$ 表示时刻为 $t$ 时的总人口数。根据个体对不实信息的心理与行为反应状态，我们考虑将此区域中的全体人员分为下列五类：非理性应激心理与行为易感者、非理性应激心理与行为潜伏者、非理性应激心理与行为传播者、非理性应激心理与行为衰减者、非理性应激心理与行为免疫者，这五类群体在时刻 $t$ 的人口密度分别用 $I(t)$、$L(t)$、$S(t)$、$A(t)$、$R(t)$ 表示。根据相关定义可知：

$$N(t)=I(t)+L(t)+S(t)+A(t)+R(t) \tag{4-2}$$

ILSAR 群体应激心理与行为传播动力学模型的流程如图 4-1 所示。

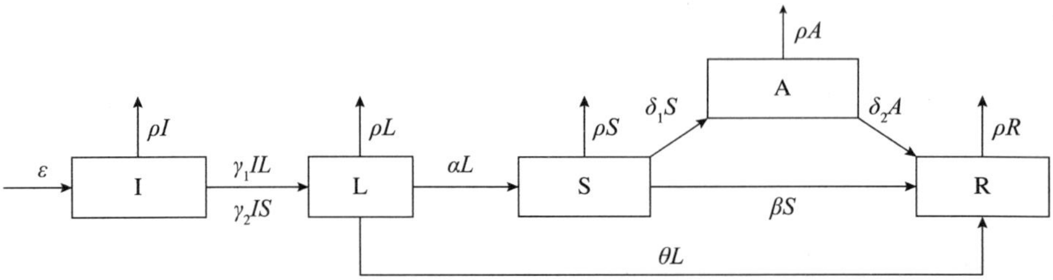


**图 4-1　ILSAR 群体应激心理与行为传播动力学模型流程**

考虑区域内有人口流动的非理性应激心理与行为传播，假设有常数值为 $\varepsilon$ 的流入人口和比率为 $\rho$ 的流出人口。流入人口全部进入到非理性应激心理与行为易感者群体中。参数 $\rho$ 表示人口流出率。

如图 4-1 所示，ILSAR 群体应激心理与行为传播动力学模型的应激心理与行为传播规则概括如下：

（1）当非理性应激心理与行为易感者 I 在与非理性应激心理与行为潜伏者 L 接触后，前者以概率 $\gamma_1$ 成为新的非理性应激心理与行为潜

伏者。

（2）当非理性应激心理与行为传播者与非理性应激心理与行为易感者I接触后，有 $\gamma_2 IS$ 的非理性应激心理与行为易感者转化为非理性应激心理与行为潜伏者。

（3）如果非理性应激心理与行为潜伏者L相信已收到的信息并将其转发给非理性应激心理与行为易感者I。此时，有 $\alpha L$ 非理性应激心理与行为潜伏者L转化成为非理性应激心理与行为传播者S，此时称 $\alpha$ 为传播率。

（4）部分非理性应激心理与行为潜伏者可能会怀疑已获信息的真实性并且不愿相信。在此情形时，有 $\theta L$ 的非理性应激心理与行为潜伏者L转化为非理性应激心理与行为免疫者R，其中 $\theta$ 称为拒绝率。

（5）随着事件的发展，一个非理性应激心理与行为传播者S可能会自发地遗忘该不实信息或对其不再感兴趣，在此情形时，有 $\beta S$ 的非理性应激心理与行为传播者S转化为非理性应激心理与行为免疫者R，其中 $\beta$ 称为停止率。

（6）当官方媒体向民众发布辟谣信息后，非理性应激心理与行为传播者S可能会逐渐地减少不实信息的传播次数与频率，在此情形时，有 $\delta_1 S$ 的非理性应激心理与行为传播者S转化为非理性应激心理与行为衰减者A，其中 $\delta_1$ 称为衰减率。

（7）假设有 $\delta_2 A$ 的非理性应激心理与行为衰减者A最终选择放弃对不实信息的传播，其中 $\delta_2$ 称为终止率。

基于非线性动力学建模理论和上述规则，笔者构建了一类ILSAR群体应激心理与行为传播动力学模型，其对应的微分方程组表示如下：

$$
\begin{cases}
\dfrac{dI(t)}{dt} = \varepsilon - \gamma_1 I(t)L(t) - \gamma_2 I(t)S(t) - \rho I(t) \\
\dfrac{dL(t)}{dt} = \gamma_1 I(t)L(t) + \gamma_2 I(t)S(t) - (\alpha + \theta + \rho)L(t) \\
\dfrac{dS(t)}{dt} = \alpha L(t) - (\delta_1 + \beta + \rho)S(t) \\
\dfrac{dA(t)}{dt} = \delta_1 S(t) - (\delta_2 + \rho)A(t) \\
\dfrac{dR(t)}{dt} = \theta L(t) + \beta S(t) + \delta_2 A(t) - \rho R(t)
\end{cases} \tag{4-3}
$$

由于式（4-3）中的 $\gamma_1 I(t)L(t)$、$\gamma_2 I(t)S(t)$ 是一个非线性项，所以它是一个非线性系统。接下来，对此非线性系统进行相关数理研究与分析。根据系统科学中非线性动力学相关知识可知，非线性系统稳定性分析是动力学研究中的重要组成部分，而对于非线性系统稳定性分析的关键步骤在于分析非线性系统在平衡点处的稳定性。因此，接下来笔者将围绕式（4-3）的动力学性态这一要点来展开，在 $t \to \infty$ 时求解该微分方程，重点考虑系统的极限解，即系统的平衡点，并分析系统在不同条件下各平衡点的稳定性，以探究该事件中群体应激心理与行为传播的动力学特征与一般规律。本书中涉及的平衡点的稳定性指的是局部渐近稳定性和全局渐近稳定性。

## 五、模型平衡点及稳定性分析

本部分分析式（4-3）的平衡点及其稳定性。

由式（4-2）可知：

$$
\frac{dN(t)}{dt} = \frac{dI}{dt} + \frac{dL}{dt} + \frac{dS}{dt} + \frac{dA}{dt} + \frac{dR}{dt} = \varepsilon - \rho N(t) \tag{4-4}
$$

这表明式（4-3）的可行域为：

$$\Omega = \{(I, L, S, A, R) \in \mathbb{R}^5_+ : 0 \leqslant I + L + S + A + R \leqslant \frac{\varepsilon}{\rho}\} \tag{4-5}$$

其中 $\mathbb{R}^5_+$ 表示四维空间 $\mathbb{R}^5_+$ 中的非负锥及其各个低维平面和直线。由于系统的解轨线最终会停留在可行域 $\Omega$ 的边界上或走向其内部而不会离开 $\Omega$，所以 $\Omega$ 是式（4-3）的正向不变集。

首先考虑式（4-3）的平衡点的存在性。令 $\mathbb{R}^5_+$ 中的 $\Omega$ 的边界和内部分别为 $\partial\Omega$ 和 $\overset{\circ}{\Omega}$。存在恐慌消除平衡点 $\varphi_0$ 意味着式（4-3）中的非理性应激心理与行为潜伏者和非理性应激心理与行为传播者的数量均为零时。易知，无论参数取任何值，式（4-3）始终存在一个恐慌消除平衡点 $\varphi_0 = (\frac{\varepsilon}{\rho}, 0, 0, 0, 0)$。

由于本书是对一个实际问题进行建模，式（4-3）的非理性应激心理与行为流行平衡点 $\varphi^* = (I^*, L^*, S^*, A^*, R^*)$ 存在时应满足条件 $I^*, L^*, S^*, A^*, R^* > 0$，即意味着系统中的五类人员数均为正数。为求出式（4-3）的非理性应激心理与行为流行平衡点 $\varphi^* = (I^*, L^*, S^*, A^*, R^*)$，令：

$$\begin{cases} \varepsilon - \gamma_1 I^*(t)L^*(t) - \gamma_2 I^*(t)S^*(t) - \rho I^*(t) = 0 \\ \gamma_1 I^*(t)L^*(t) + \gamma_2 I^*(t)S^*(t) - (\alpha + \theta + \rho)L^*(t) = 0 \\ \alpha L^*(t) - (\delta_1 + \beta + \rho)S^*(t) = 0 \\ \delta_1 S^*(t) - (\delta_2 + \rho)A^*(t) = 0 \\ \theta L^*(t) + \beta S^*(t) + \delta_2 A^*(t) - \rho R^*(t) = 0 \end{cases} \tag{4-6}$$

通过计算，可得：

$$I^* = \frac{(\alpha + \theta + \rho)(\delta_1 + \beta + \rho)}{\gamma_1(\delta_1 + \beta + \rho) + \gamma_2 \alpha}$$

$$L^* = \frac{(\varepsilon - \rho I^*)(\delta_1 + \beta + \rho)}{\gamma_1(\delta_1 + \beta + \rho)I^* + \gamma_2 \alpha I^*}$$

$$S^* = \frac{\alpha L^*}{\delta_1 + \beta + \rho}$$

$$A^* = \frac{\delta_1 S^*}{\delta_2 + \rho}$$

$$R^* = \frac{\theta L^* + \beta S^* + \delta_2 A^*}{\rho} \tag{4-7}$$

定义式（4-3）的阈值参数为 $R_0 = \frac{\gamma_1(\delta_1 + \beta + \rho)\varepsilon + \gamma_2 \alpha \varepsilon}{\rho(\alpha + \theta + \rho)(\delta_1 + \beta + \rho)}$，该阈值参数 $R_0$ 的值与系统平衡点的动力学性态密切相关。此处的阈值参数 $R_0$ 类似于传染病动力学中的基本再生数的概念。在传染病动力学中，基本再生数是指当总种群达到稳定的平衡态且个体均为易感者时，引入一个感染者，然后他在一个平均染病期内所能传染的人数。

下面笔者将分别讨论式（4-3）非理性应激心理与行为消除平衡点 $\varphi_0$ 和非理性应激心理与行为流行平衡点 $\varphi^*$ 的稳定性（局部稳定性、全局稳定性），有如下结论：

**定理 4-1**：当满足条件 $R_0 < 1$ 时，式（4-3）的非理性应激心理与行为消除平衡点 $\varphi_0$ 是局部渐近稳定的。

**证明**：式（4-3）在非理性应激心理与行为消除平衡点 $\varphi_0 = (\frac{\varepsilon}{\rho}, 0, 0, 0, 0)$ 处的雅可比矩阵为：

$$J(\varphi_0) = \begin{bmatrix} -\rho & -\frac{\gamma_1 \varepsilon}{\rho} & -\frac{\gamma_2 \varepsilon}{\rho} & 0 & 0 \\ 0 & \frac{\gamma_1 \varepsilon}{\rho} - \alpha - \rho - \theta & \frac{\gamma_2 \varepsilon}{\rho} & 0 & 0 \\ 0 & \alpha & -\delta_1 - \beta - \rho & 0 & 0 \\ 0 & 0 & \delta_1 & -\delta_2 - \rho & 0 \\ 0 & \theta & \beta & \delta_2 & -\rho \end{bmatrix} \tag{4-8}$$

由式（4-8）可知雅可比矩阵 $J(\varphi_0)$ 的三个负特征值 $\lambda_{1,2}=-\rho<0$，$\lambda_3=-\rho-\delta_2<0$，其他两个特征值 $\lambda_4$，$\lambda_5$ 为下列二阶矩阵的特征值：

$$\Gamma=\begin{bmatrix}\frac{\gamma_1\varepsilon}{\rho}-\alpha-\rho-\theta & \frac{\gamma_2\varepsilon}{\rho}\\ \alpha & -\delta_1-\beta-\rho\end{bmatrix} \tag{4-9}$$

于是得到：

$$\mathrm{tr}(\Gamma)=\frac{\gamma_1\varepsilon}{\rho}-\alpha-\beta-\theta-\delta_1-2\rho \tag{4-10}$$

又由假设条件 $R_0<1$，有：

$$\gamma_1(\delta_1+\beta+\rho)\varepsilon+\gamma_2\alpha\varepsilon<\rho(\alpha+\theta+\rho)(\delta_1+\beta+\rho) \tag{4-11}$$

于是可知：

$$\frac{\gamma_1\varepsilon}{\rho}<(\alpha+\theta+\rho) \tag{4-12}$$

由式（4-10）和式（4-12）可知：

$$\mathrm{tr}(\Gamma)<0 \tag{4-13}$$

通过计算可得：

$$\det(\Gamma)=\frac{[\rho(\alpha+\theta+\rho)-\gamma_1\varepsilon](\delta_1+\beta+\rho)-\gamma_2\alpha\varepsilon}{\rho} \tag{4-14}$$

又由式（4-11）和式（4-14）可知：

$$\det(\Gamma)>0 \text{ 当且仅当 } R_0<1 \tag{4-15}$$

由式（4-13）和式（4-15）可知 $\lambda_4<0$ 且 $\lambda_5<0$。于是，根据 Routh-Hurwitz 准则可知，当 $R_0<1$ 时，式（4-3）的非理性应激心理与行为消除平衡点 $\varphi_0$ 是局部渐近稳定的。

**定理 4-2**：当满足条件 $R_0\leqslant1$ 时，式（4-3）的非理性应激心理与行为消除平衡点 $\varphi_0$ 是全局渐近稳定的。

**证明**：笔者运用李雅普诺夫函数方法来证明非理性应激心理与行为消

除平衡点 $\varphi_0$ 的全局渐近稳定性。由 Korobeinikov 和 Maini（2004）得到的相关启发，笔者构造李雅普诺夫函数 $\psi(L, S)$ 如下：

$$\psi(L, S) = L + \frac{(\alpha + \theta + \rho)}{\alpha}S \tag{4-16}$$

根据式（4-3）和式（4-16），有：

$$\begin{aligned}\frac{d\psi}{dt} &= \gamma_1 IL + \gamma_2 IS - (\alpha + \theta + \rho)L + \frac{\alpha + \theta + \rho}{\alpha}[\alpha L - (\delta_1 + \beta + \rho)S] \\ &= [\gamma_1 L + \gamma_2 S]I - \frac{\rho + \alpha + \theta}{\alpha}(\delta_1 + \beta + \rho)S\end{aligned} \tag{4-17}$$

由式（4-6）可知：

$$L = \frac{(\delta_1 + \beta + \rho)}{\alpha}S \tag{4-18}$$

根据式（4-17）和式（4-18），可知：

$$\begin{aligned}\frac{d\psi}{dt} &= [\frac{\gamma_1(\delta_1 + \beta + \rho) + \gamma_2\alpha}{\alpha}I - \frac{(\delta_1 + \beta + \rho)(\alpha + \theta + \rho)}{\alpha}]S \\ &= [\frac{\gamma_1(\delta_1 + \beta + \rho)\varepsilon + \gamma_2\alpha\varepsilon}{\alpha\varepsilon}I - \frac{(\delta_1 + \beta + \rho)(\alpha + \theta + \rho)}{\alpha}]S \\ &= [\frac{R_0(\delta_1 + \beta + \rho)(\alpha + \theta + \rho)}{\alpha\varepsilon}\rho I - \frac{(\delta_1 + \beta + \rho)(\alpha + \theta + \rho)}{\alpha}]S \\ &= [\frac{R_0}{\varepsilon}\rho I - 1]S(\delta_1 + \beta + \rho)(\alpha + \theta + \rho)\ \frac{1}{\alpha}\end{aligned} \tag{4-19}$$

又由式（4-5）可知：

$$I \leqslant \frac{\varepsilon}{\rho} \tag{4-20}$$

于是根据式（4-19）和式（4-20），以及 $R_0 \leqslant 1$，有：

$$\frac{d\psi}{dt} \leqslant 0 \tag{4-21}$$

进一步可知 $\frac{d\psi}{dt}=0 \Leftrightarrow S=0$ 或 $R_0=1$，$I=\frac{\varepsilon}{\rho}$。所以，当 $R_0 \leqslant 1$ 时，$\left\{(I, L, S, A, R) \left| \frac{d\psi}{dt}=0\right.\right\}$ 中的最大不变子集为单点集 $\{\varphi_0\}$。利用 La-Salle 不变性原理，$\varphi_0$ 在 $\Omega$ 中是全局渐近稳定的。

接下来，考察非理性应激心理与行为流行平衡点 $\varphi^*$ 的全局稳定性。

由于 $A$，$R$ 没有出现在式（4-3）中的前三个方程中，在下面的分析中笔者考虑先忽略式（4-3）中包含了 $A$，$R$ 的最后两个方程。因为确定了系统 $(I, L, S)$ 之后，则由式（4-3）中的最后两个方程可确定 $A$，$R$。于是简化后的极限动力系统为：

$$\begin{cases}\frac{dI(t)}{dt}=\varepsilon-\gamma_1 I(t)L(t)-\gamma_2 I(t)S(t)-\rho I(t)\\ \frac{dL(t)}{dt}=\gamma_1 I(t)L(t)+\gamma_2 I(t)S(t)-(\alpha+\theta+\rho)L(t)\\ \frac{dS(t)}{dt}=\alpha L(t)-(\delta_1+\beta+\rho)S(t)\end{cases} \tag{4-22}$$

式（4-22）的可行域为：

$$\Theta=\left\{(I, L, S) \in \mathbb{R}_+^3 : 0 \leqslant I+L+S \leqslant \frac{\varepsilon}{\rho}\right\} \tag{4-23}$$

其中 $\mathbb{R}_+^3$ 表示三维空间 $\mathbb{R}_+^3$ 中的非负锥及其各个低维平面和直线。当 $R_0>1$，式（4-22）有一个正平衡点 $\varphi^*(I^*, L^*, S^*)$。在证明正平衡点 $\varphi^*(I^*, L^*, S^*)$ 的全局渐近稳定性之前，先证明 $\varphi^*(I^*, L^*, S^*)$ 的局部渐近稳定性。

**定理 4-3**：当满足条件 $R_0>1$ 时，式（4-3）的非理性应激心理与行为流行平衡点 $\varphi^*$ 是局部渐近稳定的。

**证明**：根据 Routh-Hurwitz 准则，要证明 $\varphi^*(I^*, L^*, S^*)$ 的局部渐

近稳定性，需要证明当 $R_0 > 1$ 时，Routh-Hurwitz 条件成立，即 tr(H) < 0，det(H) < 0，tr(H) × M - det(H) < 0 分别成立。

式（4-22）在非理性应激心理与行为流行平衡点 $\varphi^*(I^*, L^*, S^*)$ 处的雅可比矩阵为：

$$H = \begin{bmatrix} -\gamma_1 L^* - \gamma_2 S^* - \rho & -\gamma_1 I^* & -\gamma_2 I^* \\ \gamma_1 L^* + \gamma_2 S^* & \gamma_1 I^* - \alpha - \theta - \rho & \gamma_2 I^* \\ 0 & \alpha & -\delta_1 - \beta - \rho \end{bmatrix} \tag{4-24}$$

经计算可知：

$$tr(H) = -\gamma_1 L^* - \gamma_2 S^* + \gamma_1 I^* - \alpha - \theta - \delta_1 - \beta - 3\rho \tag{4-25}$$

由式（4-6）的第二个方程可知：

$$\gamma_1 I^* - (\alpha + \theta + \rho) = -\frac{\gamma_2 I^* S^*}{L^*} \tag{4-26}$$

由式（4-25）和式（4-26）可得：

$$tr(H) < 0 \tag{4-27}$$

现在计算：

$$\begin{aligned} det(H) = & (\gamma_1 L^* + \gamma_2 S^* + \rho)[\gamma_1 I^* - (\alpha + \theta + \rho)](\delta_1 + \beta + \rho) - \\ & \gamma_2 I^* \alpha(\gamma_1 L^* + \gamma_2 S^*) - \gamma_1 I^*(\gamma_1 L^* + \gamma_2 S^*) \\ & (\delta_1 + \beta + \rho) + \gamma_2 I^* \alpha(\gamma_1 L^* + \gamma_2 S^* + \rho) \\ = & (\gamma_1 L^* + \gamma_2 S^* + \rho)(\gamma_1 I^*(\delta_1 + \beta + \rho) - (\alpha + \theta + \rho) \\ & (\delta_1 + \beta + \rho) + \gamma_2 I^* \alpha) - [\gamma_2 I^* \alpha + \gamma_1 I^* \\ & (\delta_1 + \beta + \rho)](\gamma_1 L^* + \gamma_2 S^*) \end{aligned} \tag{4-28}$$

由式（4-6）的第二个和第三个方程，有：

$$\gamma_1 I^*(\delta_1 + \beta + \rho) - (\alpha + \theta + \rho)(\delta_1 + \beta + \rho) + \gamma_2 I^* \alpha = 0$$

这表明：

$$det(H) < 0 \tag{4-29}$$

令 M 表示矩阵 H 的所有二阶主子式的行列式的和，于是有：

$$M = -(\gamma_1 L^* + \gamma_2 S^* + \rho)[\gamma_1 I^* - (\alpha + \theta + \rho)] + \gamma_1 I^*(\gamma_1 L^* + \gamma_2 S^*) - (-\gamma_1 L^* - \gamma_2 S^* - \rho)(\delta_1 + \beta + \rho) - [\gamma_1 I^* - (\alpha + \theta + \rho)](\delta_1 + \beta + \rho) - \gamma_2 I^* \alpha \tag{4-30}$$

根据式（4-27）~式（4-30），有：

$$\mathrm{tr}(\mathrm{H}) \times \mathrm{M} - \det(\mathrm{H}) < 0,\ \text{if } R_0 > 1 \tag{4-31}$$

由式（4-27），式（4-29）和式（4-31），以及 Routh-Hurwitz 准则，可知当 $R_0 > 1$ 时雅可比矩阵 H 的全部特征根均含有负实部。

**定理 4-4**：如果 $R_0 > 1$，则式（4-22）的非理性应激心理与行为流行平衡点 $\varphi^*$ 在 $\overset{\mathrm{O}}{\Theta}$ 内是全局渐近稳定的。

**证明**：为便于表达，令 $\tau = \frac{\varepsilon}{\rho}$，$\psi_1 = \frac{\alpha}{\rho}$，$\psi_2 = \frac{\delta_1}{\rho}$，$\omega_1 = \frac{\gamma_1}{\rho}$，$\omega_2 = \frac{\gamma_2}{\rho}$，$\chi = \frac{\theta}{\rho}$，$\eta = \frac{\beta}{\rho}$，$U = \frac{\rho}{\varepsilon} I$，$V = \frac{\rho}{\varepsilon} L$，$W = \frac{\rho}{\varepsilon} S$，于是式（4-22）可写为：

$$\begin{cases} \dfrac{dU}{dt} = 1 - \omega_1 \tau UV - \omega_2 \tau UW - U \\ \dfrac{dV}{dt} = \omega_1 \tau UV + \omega_2 \tau UW - (\psi_1 + \chi + 1)V \\ \dfrac{dW}{dt} = \psi_1 V - (\psi_2 + \eta + 1)W \end{cases} \tag{4-32}$$

令 $P$ 表示下列对角阵：

$$P = \begin{bmatrix} W & 0 & 0 \\ 0 & V & 0 \\ 0 & V & V \end{bmatrix} \tag{4-33}$$

则 $P$ 是 $C^1$ 且在 $\overset{\mathrm{O}}{\Theta}$ 内非奇异。令 f 表示式（4-22）的向量场。于是：

$$P_f P^{-1} = diag\left(\frac{W'}{W}, \frac{V'}{V}, \frac{V'}{V}\right) \tag{4-34}$$

其雅可比矩阵为：

$$J=\begin{bmatrix} -\omega_1\tau V-\omega_2\tau W-1 & -\omega_1\tau U & -\omega_2\tau U \\ \omega_1\tau V+\omega_2\tau W & \omega_1\tau U-1-\psi_1-\chi & \omega_2\tau U \\ 0 & \psi_1 & -\psi_2-\eta-1 \end{bmatrix}$$

（4-35）

并且计算其第二复合矩阵 $J^{[2]}(\varphi^*)$ 可得：

$J^{[2]}(\varphi^*)=$

$$\begin{bmatrix} -\omega_1\tau V-\omega_2\tau W-2+\omega_1\tau U-\psi_1-\chi & \omega_2\tau U & \omega_2\tau U \\ \psi_1 & -\omega_1\tau V-\omega_2\tau W-2-\psi_2-\eta & -\omega_1\tau U \\ 0 & \omega_1\tau V+\omega_2\tau W & \omega_1\tau U-\psi_1-\chi-2-\psi_2-\eta \end{bmatrix}$$

则：

$PJ^{[2]}P^{-1}=$

$$\begin{bmatrix} -\omega_1\tau V-\omega_2\tau W-2+\omega_1\tau U-\psi_1-\chi & 0 & \dfrac{\omega_2\tau UW}{V} \\ \dfrac{\psi_1 V}{W} & -\omega_1\tau V-\omega_2\tau W-2-\psi_2-\eta+\omega_1\tau U & -\omega_1\tau U \\ \dfrac{\psi_1 V}{W} & \psi_1+\chi & -\omega_1\tau VU+(\omega_1\tau U-\psi_1-\chi-2-\psi_2-\eta)V \end{bmatrix}$$

且矩阵 $B=P_fP^{-1}+PJ^{[2]}P^{-1}$ 可表示为分块矩阵形式：

$$B=\begin{pmatrix} B_{11} & B_{12} \\ B_{21} & B_{22} \end{pmatrix} \tag{4-36}$$

其中：

$$B_{11}=\frac{W'}{W}-2-\psi_1-\chi-\omega_1\tau V-\omega_2\tau W+\omega_1\tau U$$

$$B_{12}=\begin{pmatrix}0 & \dfrac{\omega_2\tau UW}{V}\end{pmatrix}$$

$$B_{21}=\begin{pmatrix}\dfrac{\psi_1 V}{W}\\ \dfrac{\psi_1 V}{W}\end{pmatrix}$$

$$B_{22}=\begin{pmatrix}\dfrac{V'}{V}-2-\psi_2-\eta-\omega_1\tau V-\omega_2\tau W+\omega_1\tau U & -\omega_1\tau U\\ \psi_1+\chi & \dfrac{V'}{V}-2-\psi_1-\chi-\psi_2-\eta\end{pmatrix}$$

(4-37)

令 $(u,\ v,\ w)$ 是 $R^3$ 中的一个向量，它的范数 $|\cdot|$ 被定义为：

$$|(u,\ v,\ w)|=\max\{|u|,\ |v|+|w|\} \tag{4-38}$$

又令 $\mu$ 是关于这个范数的 Lozinskiǐ 测度。估计：

$$\mu(B)\leqslant\sup\{g_1,\ g_2\} \tag{4-39}$$

其中：

$$\begin{aligned}g_1&=\mu_1(B_{11})+|B_{12}|\\ g_2&=|B_{21}|+\mu_1(B_{22})\end{aligned} \tag{4-40}$$

$|B_{12}|$ 和 $|B_{21}|$ 关于 $L^1$ 向量范数的矩阵范数，$\mu_1$ 是关于 $L^1$ 范数的 Lozinskiǐ 测度。例如，对于一个一般矩阵 $A=(a_{ij})$，有 $|A|=\max_{1\leqslant k\leqslant n}\sum_{j=1}^{n}|A_{jk}|$ 和 $\mu(A)=\max_{1\leqslant k\leqslant n}\sum_{j=1(j\neq k)}^{n}|a_{jk}|$。则：

$$\begin{aligned}\mu_1(B_{11})&=\frac{W'}{W}-2-\psi_1-\chi-\omega_1\tau V-\omega_2\tau W+\omega_1\tau U\\ |B_{12}|&=\frac{\omega_2\tau UW}{V}\\ |B_{21}|&=\frac{\psi_1 V}{W}\end{aligned} \tag{4-41}$$

$$\mu_1(B_{22}) = \max\left\{\frac{V'}{V} - 2 - \psi_2 - \eta - \omega_1\tau V - \omega_2\tau W + \omega_1\tau U,\ \frac{V'}{V} - 2 - \psi_1 - \chi - \psi_2 - \eta\right\}$$

由式（4-40）和式（4-41）可知：

$$g_1 = \mu_1(B_{11}) + |B_{12}| = \frac{V'}{V} + \frac{W'}{W} - 1 - \omega_1\tau V - \omega_2\tau W \leqslant \frac{V'}{V} + \frac{W'}{W} - 1$$

$$g_2 = |B_{21}| + \mu_1(B_{22}) = \frac{V'}{V} + \frac{W'}{W} - 1 + \omega_1\tau U + \chi + \psi_1 \leqslant \frac{V'}{V} + \frac{W'}{W} - 1 + \omega_1\tau + \chi + \psi_1 \tag{4-42}$$

由式（4-39）和式（4-42）可知：

$$\mu(B) \leqslant \sup\{g_1,\ g_2\} = \frac{V'}{V} + \frac{W'}{W} - 1 + \omega_1\tau + \chi + \psi_1 \tag{4-43}$$

令 $\xi = 1 - \omega_1\tau - \chi - \psi_1 \geqslant 0$，于是 $\mu(B) \leqslant \frac{V'}{V} + \frac{W'}{W} - \xi$，且有：

$$\frac{1}{t}\int_0^t \mu(B)ds \leqslant \frac{1}{t}\int_0^t\left(\frac{V'}{V} + \frac{W'}{W} - \xi\right)ds = \frac{1}{t}\ln\frac{V(t)}{V(0)} + \frac{1}{t}\ln\frac{W(t)}{W(0)} - \xi \tag{4-44}$$

这意味着 $\bar{q_2} = \limsup_{t\to\infty} \sup_{x_0\in\Theta} \frac{1}{t}\int_0^t \mu(B(x(s,\ x_0)))ds \leqslant -\frac{\xi}{2} < 0$，于是可知式（4-32）的正平衡点（$U^*$，$V^*$，$W^*$）是全局渐近稳定的。由于式（4-32）等价于式（4-22），故式（4-22）的正平衡点 $\varphi^*(I^*,\ L^*,\ S^*)$ 也是全局渐近稳定的。

**定理 4-5**：如果 $R_0 > 1$，则式（4-3）的非理性应激心理与行为流行平衡点 $\varphi^*$ 在 $\overset{o}{\Theta}$ 内是全局渐近稳定的。

**证明**：由定理 4-4，可知（$I$，$L$，$S$）→（$I^*$，$L^*$，$S^*$）。现在考虑式（4-3）的子系统：

$$\begin{cases}\dfrac{dA(t)}{dt} = \delta_1 S(t) - (\delta_2 + \rho)A(t) \\ \dfrac{dR(t)}{dt} = \theta L(t) + \beta S(t) + \delta_2 A(t) - \rho R(t)\end{cases} \tag{4-45}$$

且其极限系统为：

$$\begin{cases}\dfrac{dA(t)}{dt} = \delta_1 S^*(t) - (\delta_2 + \rho)A(t) \\ \dfrac{dR(t)}{dt} = \theta L^*(t) + \beta S^*(t) + \delta_2 A(t) - \rho R(t)\end{cases} \tag{4-46}$$

由式（4-44），可得：

$$A(t) = e^{-(\delta_2+\rho)t}\left[\delta_1 S^*(t)\int_0^t e^{(\delta_2+\rho)s}ds + A(0)\right]$$

$$R(t) = e^{-\rho t}\left[\int_0^t(\theta L^*(t) + \beta S^*(t) + \delta_2 A(t))e^{\rho s}ds + R(0)\right] \tag{4-47}$$

这意味着：

$$A(t) \to \frac{\delta_1 S^*}{\delta_2 + \rho} = A^*$$

$$R(t) \to \frac{\theta L^* + \beta S^* + \delta_2 A^*}{\rho} = R^* t \to \infty \tag{4-48}$$

于是，当 $R_0 > 1$ 时，式（4-3）的非理性应激心理与行为流行平衡点 $\varphi^*$ 在 $\overset{o}{\Theta}$ 内是全局渐近稳定的。

## 六、模型合理性检验

为了考察所建 ILSAR 模型的合理性，笔者采集相关实际数据对所建模型进行检验。于是笔者考虑在 ILSAR 模型中取非理性应激心理与行为易感者的初始值为 $S_0 = 130118$；取时间 t 为 2 月 9 日 0 点 30 分至 2 月 10 日 12 点 30 分，即时间周期 t = 12×60 = 720（分钟）；考虑在所建的 ILSAR 群体应激心理与行为传播动力学模型中将非理性应激心理与行为传播者的初始值为 $I_0=21$。

下面将通过这些实际数据来检验笔者所建模型的有效性。图 4-2 中显示的是所建的 ILSAR 群体应激心理与行为传播动力学模型的数值模拟结果与实际数据的比较。将单位时间取为 2 小时，用“ * ”表示紧急事件中非理性应激心理与行为传播者的人员数实际值，图中的曲线代表的是根据式（4-3）所绘制得到的非理性应激心理与行为传播者 $S(t)$ 的人员数随时间 $t$ 变化的曲线，其中，模型相应各参数的初值则按照前文所述取值。

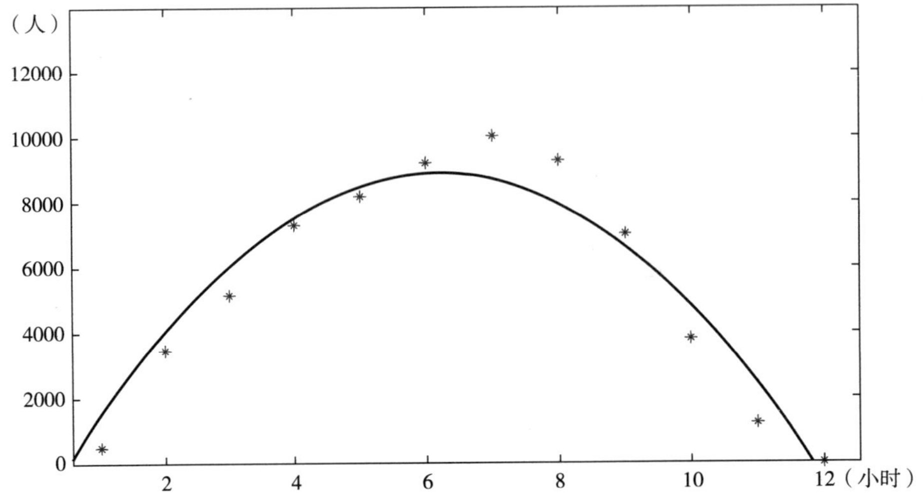


**图 4-2　ILSAR 模型数值模拟结果与实际数据的比较**

从图 4-2 中可以看出，两者之间有着较好的吻合，这表明所建 ILSAR 群体应激心理与行为传播动力学模型具有有效性。

## 七、数值模拟及讨论

本部分笔者将对所建 ILSAR 群体应激心理与行为传播动力学模型式

（4-3）进行相关数值实验，目的是验证前文中理论分析结果的正确性，并且进一步考察相关管理策略对群体应激心理与行为传播控制的影响，为应急管理部门提供理论依据和参考建议。在数值实验中使用的软件是 Matlab 7.0。笔者运用数值分析中的龙格—库塔算法来求解微分方程组式（4-3）。

下面，根据给出前文中定理 4-2 和定理 4-5 的理论分析结果的数值验证结果。

图 4-3 表明当 $R_0 < 1$ 时，五类群体的人员数随时间变化的趋势。

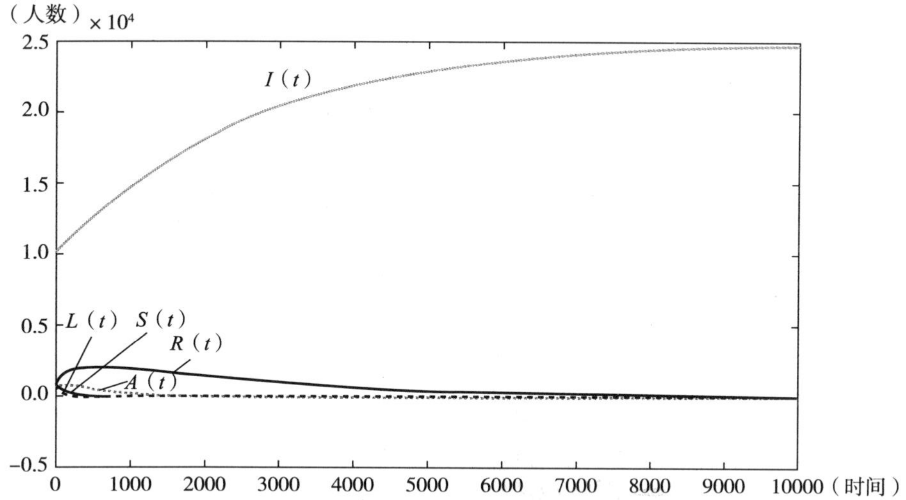


**图 4-3　五类群体的人员数随时间变化趋势**

注：本图中 $\varepsilon = 10$，$\rho = 0.0004$，$\alpha = 0.0003$，$\theta = 0.02$，$\delta_1 = 0.006$，$\delta_2 = 0.002$，$\beta = 0.0004$，$\gamma_1 = 0.0000001$，$\gamma_2 = 0.0000001$，$R_0 = 0.1261 < 1$。

从图 4-3 中可以看出，当 $R_0 < 1$ 时，非理性应激心理与行为传播者的数量持续下降并最终趋于零，意味着非理性应激心理与行为将不会存在于系统中。

图 4-4 表明当 $R_0 > 1$ 时，五类群体的人员数随时间变化的趋势。

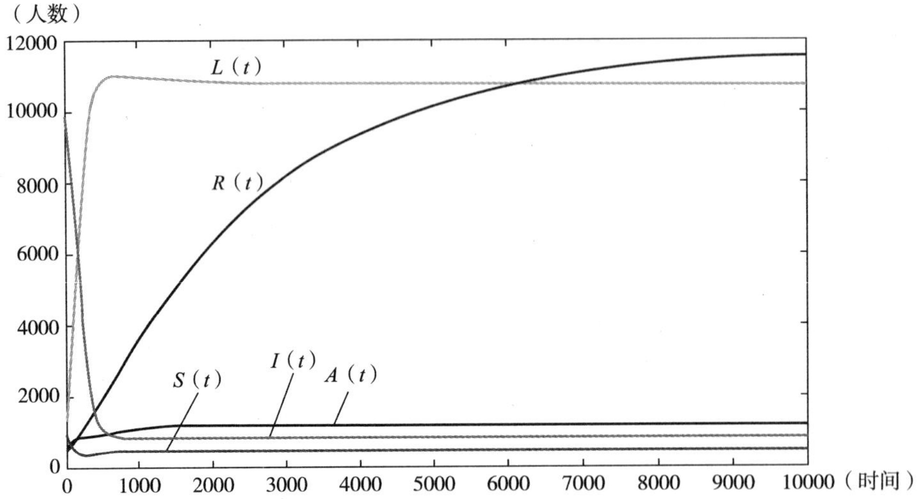


**图 4-4　五类群体的人员数随时间变化趋势**

注：本图中 $\varepsilon=10$，$\gamma_1=0.000001$，$\gamma_2=0.000001$，$\rho=0.0004$，$\alpha=0.0003$，$\theta=0.02$，$\delta_1=0.006$，$\beta=0.0004$，$\delta_2=0.002$，$R_0=2.9003>1$。

从图 4-4 中可以看出，当 $R_0>1$ 时，非理性应激心理与行为传播者的数量最终趋于一个正常数值，这意味着非理性应激心理与行为在系统中始终存在。

图 4-3 和图 4-4 的数值结果分别表明了前文中定理 4-2 和定理 4-5 的理论分析结果的正确性。

回顾前文中的阈值参数 $R_0$：

$$R_0=\frac{\gamma_1(\delta_1+\beta+\rho)\varepsilon+\gamma_2\alpha\varepsilon}{\rho(\alpha+\theta+\rho)(\delta_1+\beta+\rho)} \tag{4-49}$$

由式（4-49）易知 $R_0$ 随着参数 $\theta$ 或 $\beta$ 或 $\delta_1$ 的增加而减少。根据定理 4-2 的结论可知，如果参数 $\theta$ 或 $\beta$ 或 $\delta_1$ 的值足够的大使 $R_0$ 的值小于 1，在此情形下，非理性应激心理与行为将得到有效控制。

为了给应急管理部门提供相关管理建议，笔者将采取分别改变上述三

个参数 $\theta$，$\beta$ 和 $\delta_1$ 的值的方式进行相关数值实验，以研究相应的管理策略对群体非理性应激心理与行为传播的影响。

图 4-5 描述的是当拒绝率 $\theta$ 取不同值时，非理性应激心理与行为传播者 $S(t)$ 的人员数随时间 $t$ 变化的趋势。

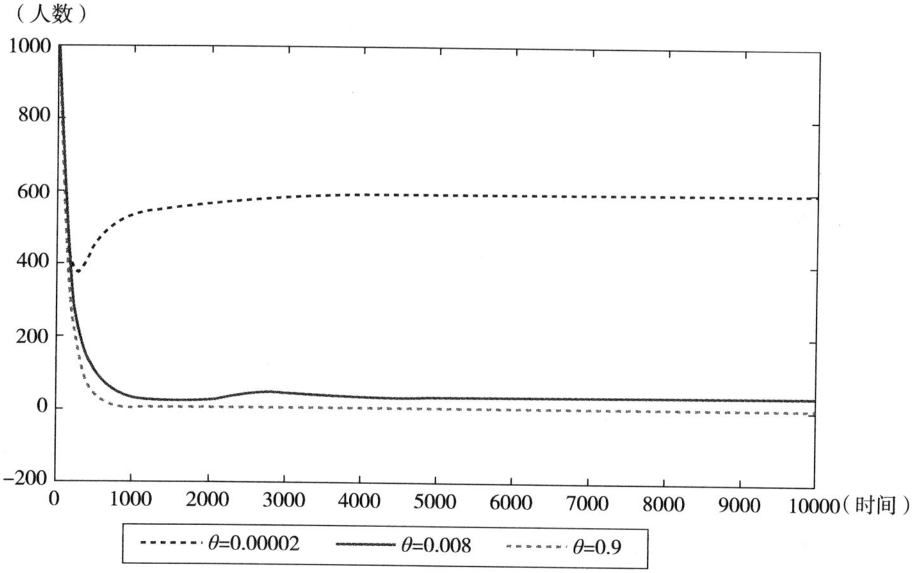


**图 4-5 $S(t)$ 的人员数随时间变化趋势**

注：本图中 $\varepsilon = 10$，$\gamma_1 = 0.000001$，$\gamma_2 = 0.000001$，$\rho = 0.0004$，$\alpha = 0.0003$，$\delta_1 = 0.006$，$\beta = 0.0004$，$\delta_2 = 0.002$，拒绝率 $\theta$ 取不同值。

从图 4-5 可以看出，随着拒绝率 $\theta$ 的值增大，非理性应激心理与行为传播者 $S(t)$ 的人员数则减少。如图 4-5 所示，当参数 $\theta$ 的值从 0.00002 增长为 0.9 时，非理性应激心理与行为传播者 $S(t)$ 的人员数则显著地减少。一个可能的解释是当拒绝率 $\theta$ 的值增大时，更多的非理性应激心理与行为潜伏者趋向于不相信所收到的信息从而转化为非理性应激心理与行为免疫者，这便使非理性应激心理与行为传播者的人员数减少。值得一提的是，从应急管理的角度而言，参数 $\theta$ 的值的增加主要依赖于可靠信息的及时发布和应急通信基础设施的可靠性的提高。在紧急事件中，当地应急管理部门应当采取快速而有效的应对措施，在非理性应激心理与行为开始蔓延之际，应急管理部门应当迅速启动应急预案并组织调查小组赶赴现场调查，然后通过手机短信、电视、广播、网络等渠道向民众发布辟谣信息。然而，紧急事件发生初期时，通常可能会有很多民众一边逃离险境一边拨打着手机，试图与相关管理部门取得电话联系以求证所获信息的真实性或联系其亲友、朋友等，由于短时间内网络堵塞，没有任何手机信号，导致手机一时间都无法拨通，甚至连紧急电话也无法拨通。一个可能的解释是，当一个灾难或紧急事件发生时，较多对此事件比较关注的民众和求助电话在短时间内集中拨打，通信基础设施经常会发生崩溃、瘫痪。这样会导致应急管理部门很难将相关危机信息和指导建议及时地通知民众。这些表明应急管理部门应当及时地向民众发布可靠准确的危机信息，并提高应急通信基础设施的可靠性。

接下来，将通过数值实验来验证前文中定理 4-2 结论的正确性。

**情形一：**当 $R_0 < 1$ 时。取 $t$ 的初始值为 0，仿真周期为 10000 个时间单位。考虑在式（4-3）中取参数 $\varepsilon = 3$，$k = 0.002$，$\lambda = 0.00015$，$p = 0.01$，$\gamma = 0.03$，$\delta = 0.00005$，根据非线性动力学知识和前文的理论分析知，式（4-3）中阈值参数 $R_0$ 的值对系统的不同平衡点的稳定性起着十分重要和关键的作用。换言之，式（4-3）中阈值参数 $R_0$ 的值越小越有利于实现对群体非理性应激心理与行为传播的有效控制。

此时，由前文中阈值参数的定义式可计算出：

$$R_0 = \frac{p\lambda\varepsilon}{k(k+\gamma)} = 0.0703 < 1$$

此时，由前文中定理 4-2 的理论分析结果可知式（4-3）始终存在一个非理性应激心理与行为消除平衡点：

$$\varphi_0 = (\frac{\varepsilon}{k}, 0, 0) = (\frac{3}{0.002}, 0, 0) = (1500, 0, 0)$$

由上可知非理性应激心理与行为易感者 $I(t)$、传播者 $S(t)$、免疫者 $R(t)$ 的理论极限值分别为1500、0、0。此外，还知 $L(t)$ 由方程 $L = \frac{\varepsilon}{k} - I - S - R$ 确定，故：

$$L = \frac{\varepsilon}{k} - I - S - R = 1500 - 1500 - 0 - 0 = 0$$

由上可知此时 $Y(t)$ 的理论极限值为0。综上所述，式（4-3）的群体非理性应激心理与行为消除平衡点的坐标理论值应为（1500，0，0，0）。

接下来，为验证定理4-2的正确性，根据上述参数值并利用软件Matlab 7.0进行相关数值模拟，并假设非理性应激心理与行为易感者群体I、非理性应激心理与行为潜伏者群体L、非理性应激心理与行为传播者群体S、非理性应激心理与行为免疫者群体R的初始值分别为1000，500，100，50，则初始总人口数N=1650。此时，当 $R_0 < 1$ 时，式（4-3）中的 $I(t)$、$L(t)$、$S(t)$、$R(t)$ 此四类群体人员数量在非理性应激心理与行为传播过程中随时间变化的趋势如图4-6所示：

从图4-6中可看出，当传播者刚开始传播非理性应激心理与行为时，传播者的人数有一个急剧的增长。随着非理性应激心理与行为的继续传播，传播者人数达到一个峰值，此后便呈现下降趋势，最后该值趋于零，从而意味着非理性应激心理与行为传播的停止。于是，当 $R_0 < 1$ 时，非理性应激心理与行为将会“消亡”。非理性应激心理与行为免疫者和非理性应激心理与行为潜伏者的变化趋势分别与非理性应激心理与行为传播者的变化趋势相似，即先上升然后下降最后趋于零。然而，非理性应激心理与

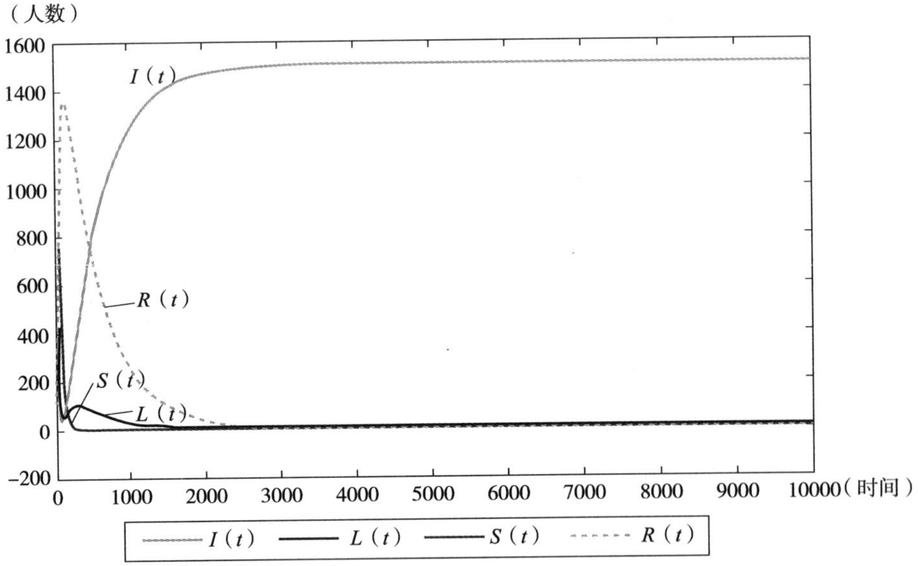


**图 4-6　四类群体人员数量随时间变化趋势**

注：此图是当参数 $\varepsilon=3$，$k=0.002$，$\lambda=0.00015$，$p=0.01$，$\gamma=0.03$，$\delta=0.00005$，$R_0<1$ 时，ILSAR 群体应激心理与行为传播动力学模型中 $I(t)$、$L(t)$、$S(t)$、$R(t)$ 四类群体的人员数量随时间变化的趋势。

行为潜伏者的增长和下降趋势比非理性应激心理与行为免疫者的变化趋势则更为平缓。在整个过程中，非理性应激心理与行为易感者的数目一直保持增长，最终趋于一个非零恒定常值 1500，这与笔者的理论预测值完全一致。于是，数值实验结果图 4-6 验证了前文中定理 4-2 结论的正确性。

**情形二：**当 $R_0>1$ 时。

接下来，将验证定理 4-3 的结论正确性。假设非理性应激心理与行为易感者群体 I、非理性应激心理与行为潜伏者群体 L、非理性应激心理与行为传播者群体 S、非理性应激心理与行为免疫者群体 R 的初始值分别为

1000，500，100，50，则初始总人口数 N = 1650。考虑在式(4-3) 中取参数 $\varepsilon = 3$，$k = 0.002$，$\lambda = 0.00015$，$p = 0.2$，$\gamma = 0.03$，$\delta = 0.00005$。此时，由前文中阈值参数的定义式可计算出：

$$R_0 = \frac{p\lambda\varepsilon}{k(k+\gamma)} = 1.4063 > 1$$

此时根据定理 4-3 的结论可知，式（4-6）中存在一个非理性应激心理与行为流行平衡点 $\varphi^*$，其中，

$$S^* = 69.7748 \doteq 70$$

$$R^* = \frac{\gamma S^*}{k+\delta} = 1021.1 \doteq 1021$$

$$I^* = \frac{\varepsilon + \delta R^*}{(k + \lambda S^*)} = 244.7352 \doteq 245$$

$$\begin{aligned} L^* &= \frac{\varepsilon}{k} - I^* - S^* - R^* \\ &= 1500 - 244.7352 - 69.7748 - 1021.1 \\ &= 164.3954 \doteq 164 \end{aligned}$$

于是，可知式（4-3）的非理性应激心理与行为流行平衡点理论预测值应为（245，164，70，1021）。下面，将通过数值实验来进行相关验证。

从图 4-7 中可看出，随着时间 $t$ 的变化，$I(t)$、$L(t)$、$S(t)$、$R(t)$ 四条曲线分别在经历数个波动后趋于它们各自的恒定值。然而，值得一提的是，从图 4-7 中还可以看到传播者的数目趋于一个正常数值，这也意味着，当 $R_0 > 1$ 时，非理性应激心理与行为将在该区域内始终存在。由图 4-7 可知数值实验结果与前文理论分析预测结果一致，因此可以认为，数值实验结果图 4-7 验证了前文中定理 4-3 理论分析结论的正确性。

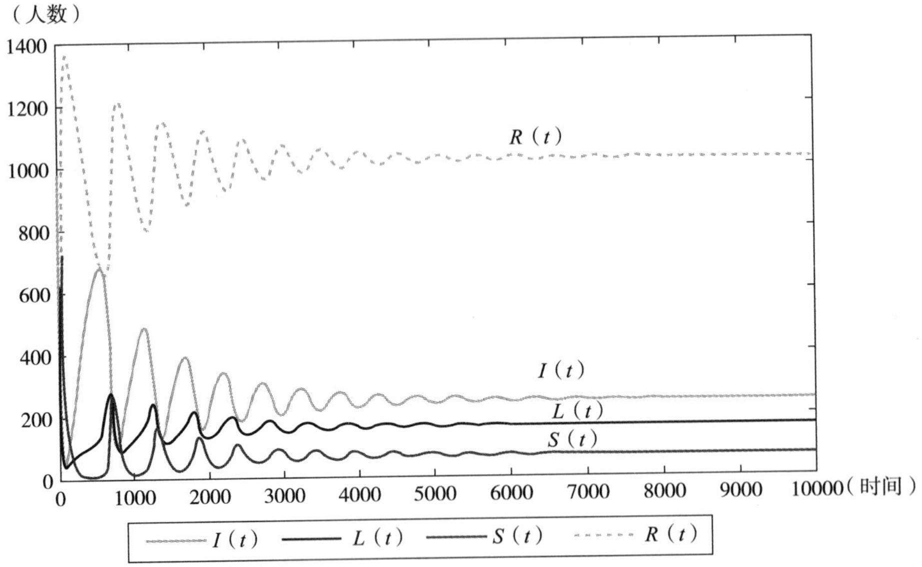


**图 4-7　四类群体人员数量随时间变化趋势**

注：本图是当参数 $\varepsilon=3$，$k=0.002$，$\lambda=0.00015$，$p=0.2$，$\gamma=0.03$，$\delta=0.00005$，$R_0>1$ 时，ILSAR 群体应激心理与行为传播动力学模型中 $I(t)$、$L(t)$、$S(t)$、$R(t)$ 四类群体的人员数量随时间 $t$ 变化的趋势。

接下来，为给应急管理部门制定遏制群体非理性应激心理与行为传播策略提供理论依据与参考建议，笔者仍继续考虑通过相关数值实验来实现。在这部分数值实验结果出来之前，为便于读者更好地理解这个数值实验的目的，首先对该数值实验的设计及思路作了相关说明。

回顾前文中阈值参数 $R_0$ 的定义式：

$$R_0=\frac{p\lambda\varepsilon}{k(k+\gamma)} \tag{4-50}$$

直接由式（4-50）可知，$R_0$ 与 $p$、$\lambda$、$\varepsilon$ 成正比，与 $k$、$\gamma$ 成反比。在现实中，如果存在较多的非理性应激心理与行为潜伏者和非理性应激心理与行为传播者，就意味着参数 $p$、$\lambda$ 将足够大从而使 $R_0>1$，于是非理性应激心理与行为将在区域内流行。相反，如果应急管理部门采取及时的应对措施，包括通过官方主流媒体发布权威信息、在民众中普及科学知识、严厉惩罚非理性应激心理与行为传播者以及提高应急管理部门的公信力则使参数 $\lambda$ 足够小且 $\gamma$ 足够大，从而 $R_0 < 1$，非理性应激心理与行为将“消亡”。

以上分析表明，阈值参数 $R_0$ 表达式中的两个参数 $\lambda$、$\gamma$ 与 ILSAR 群体应激心理与行为传播动力学模型的动力学性态有着十分重要的联系。因此，考虑进行相关数值实验，通过变换模型中上述两个参数值的数理角度来考察相应的管理策略对非理性应激心理与行为传播过程的影响，为应急管理部门制定遏制非理性应激心理与行为传播的策略提供理论依据与参考建议。

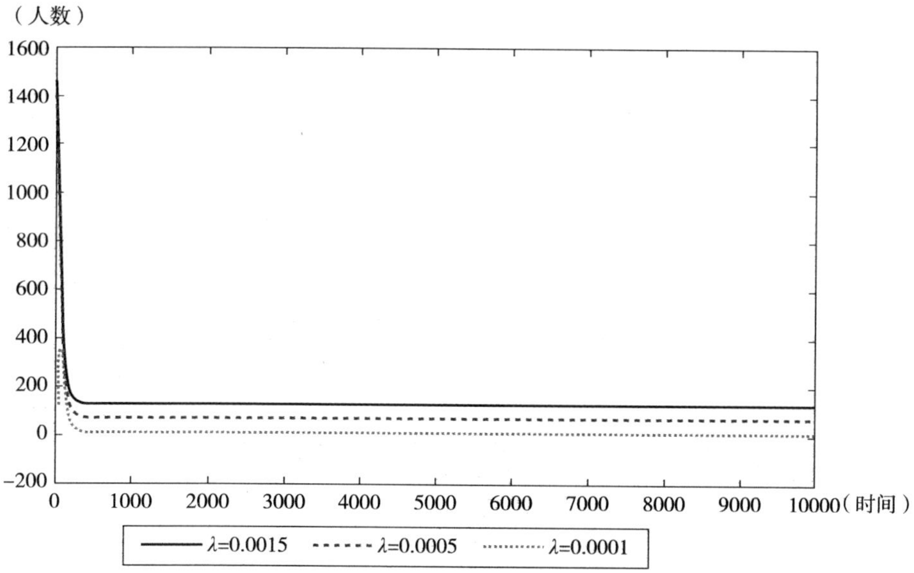


**图 4-8　$S(t)$ 的人员数量随时间变化趋势**

注：本图中 $\varepsilon=3$，$k=0.02$，$p=0.25$，$\gamma=0.03$，$\delta=0.000005$，$\lambda$ 取不同值。

在图 4-8 中，当 $\lambda$ 取值从 0.0015 减少为 0.0001 时，非理性应激心理与行为传播者的人员数则相应地减少。从图 4-8 中可看出，其他参数固定时，参数 $\lambda$ 值越小，非理性应激心理与行为传播者的人员数量则越小。这是符合现实中逻辑的，当参数 $\lambda$ 值减小时，表明非理性应激心理与行为传播者的传播率较小，这意味着传播者与非理性应激心理与行为易感者接触的机会也越少，从而使非理性应激心理与行为的传播越为困难。值得一提的是，降低参数 $\lambda$ 值可以通过及时发布透明的相关信息和普及科学知识来实现。一种可能的解释是当人们的生命安全受到威胁时，人们通常会感到焦虑不安。此外，由于民众缺乏基本的信息，从而使非理性应激心理与行为的传播成为可能。准确而透明的危机信息将有助于缓解民众的非理性应激心理情绪。

紧急事件发生后，会出现一个短暂的“信息真空期”，民众都在急切等待相关危机信息。如果应急管理部门抢在第一时间发布相关信息，占据引导舆论的先机，有利于危机的解除。美国传播学者在对相互冲突信息的不同呈现顺序的研究中发现，当受众面对两种冲突的信息时，两种信息的不同呈现顺序会影响受众对信息的接受。也就是当呈现信息 A，紧接着呈现信息 B，且在信息呈现后延迟一段时间再测试态度的改变，受众就会倾向于接受信息 A，这就是所谓的“首因效应”。如果失去这一先机，应急管理部门事后再想引导或重新塑造舆论，将要付出高昂的代价，如果应急管理部门未及时地向民众澄清事件真相及公布危机信息，将导致非理性应激心理在当地民众中蔓延，引发民众紧急出逃，社会生活秩序严重失序。应急管理部门在紧急事件发生的初期及时成立应急工作领导小组，第一时间启动应急预案，一方面赶赴事发现场调查事件发生原委；另一方面，同时通过手机短信、管理部门网站、电视、电台等新闻媒体及时向社会发布危机信息，及时召开新闻发布会，向媒体说明事件真实情况，处理措施正确得当，反应速度迅速及时，能有效地遏制非理性应激心理与行为的传播与蔓延。应急管理部门还应当加强在民众中宣传普及相关科学知识，尤其是关于生产安全常识以及应急防护知识，并增强对一些企业安全生产的了解，提高民众接受、传播和甄别各种危机信息的能力是今后他们工作的重点之一。这些表明及时地发布透明信息和在民众中普及科学知识是遏制非理性应激心理与行为传播的关键。

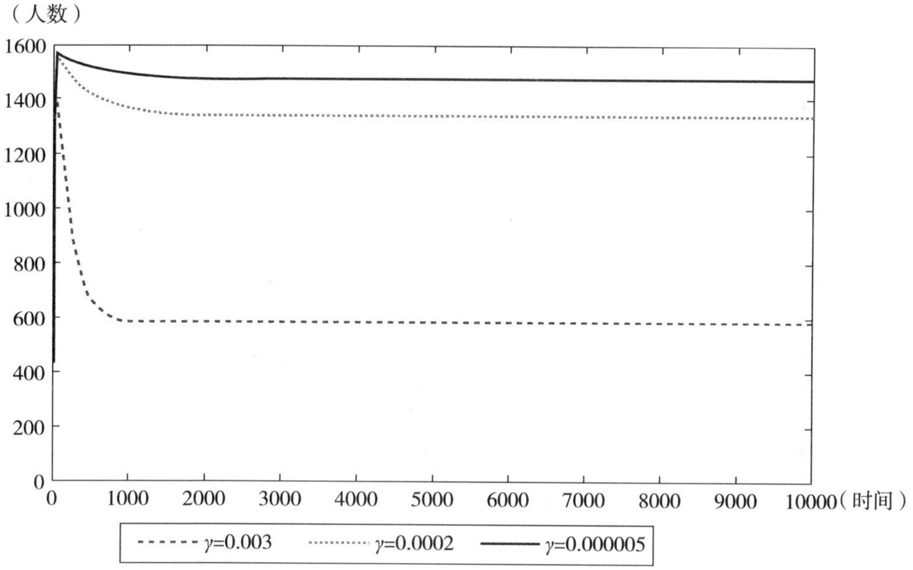


**图 4-9　$S(t)$ 的人员数量随时间变化趋势**

注：本图中 $\varepsilon = 3$，$k = 0.02$，$p = 0.25$，$\lambda = 0.00015$，$\delta = 0.00005$，$\gamma$ 取不同值。

从图 4-9 中可看出，$\gamma$ 值越大，非理性应激心理与行为传播者群体 $S(t)$ 的人员数量则越小。如图 4-9 所示，当 $\gamma$ 取值从 0.000005 增长至 0.003 时，非理性应激心理与行为传播者 $S(t)$ 的人员数量有一个大幅度的下降。$\gamma$ 取值越大，意味着更多的非理性应激心理与行为传播者直接转化为非理性应激心理与行为免疫者，这导致了非理性应激心理与行为传播者的减少。值得一提的是，$\gamma$值的增长主要依赖于对不实信息传播者的严厉打击与惩罚和增强应急管理部门的公信力。对此可以作这样的解释，在现实中，如果对于非理性应激心理与行为传播者不加以严厉的法律制裁与惩处，其带来的不良影响就会犹如脱缰的野马般难以控制，将给社会带来巨大的损失。因此，应急管理部门必须采取措施对编造、故意传播虚假信息的行为加以打击、惩戒。对非理性应激心理与行为传播者实施严厉的法律制裁以及加大惩处力度可以对那些妄图故意散播非理性应激心理与行为的不良分子起到一种的警示与震慑作用。

此外，如果应急管理部门的公信力低，则在危机事件发生时，其对民众的影响力将大打折扣。应急管理部门在平时应该依法行政，在公共权力行使过程中尊重民众的利益，让民众积极参与紧急事件的应急处置，在民众心中树立一个值得信任的良好形象，只有赢得了民众的信任和支持，才能使民众对应急管理部门制定的方针、政策产生情感认同与行为服从，更能使应急管理部门的政令达到“有令则行，有禁则止”的效果。提高应急管理部门的公信力，有利于管理部门在紧急事件来临时遏制非理性应激心理与行为在民众中的蔓延。紧急事件发生后，应急管理部门应对紧急事件的工作才能赢得主动。而且，应急管理部门应当切实做好对企业生产流程监察工作，建立一整套完善的危机预防制度、应对流程、安全保障机制，以提高应急管理部门公信力。加大对编造、故意传播虚假信息者的惩处力度和提高应急管理部门的公信力将有助于在紧急事件中避免民众非理性应激心理与行为的发生与传播。

# 第二节
# 管理建议

为有效防控紧急事件中非理性应激心理与行为传播，笔者提出下列相关管理建议：

（1）在民众中普及科学知识，增强民众自身的风险意识和应急意识，提高民众的危机识别、预警能力。当前我国正处于社会转型期，民众普遍缺乏必要的安全知识，安全意识也较为淡薄。对于广大民众而言，应当掌握基本的安全知识、树立安全第一的意识，学会对自己所处的环境安全隐患排查、监督、预警，从而做到防患于未然，根除不实信息滋生的社会土壤，并积极向身边的同事、亲友传授安全知识，提高社会民众的安全素质和忧患意识，多一份调查研究的态度，增强对不实信息的独立分析判断能力。

（2）向民众及时发布透明的危机信息、告知事实真相。有一句关于不实信息传播的国外名言：“当真理还在穿鞋，不实信息已经走遍了天下。”当今信息时代，随着信息传播渠道的日益增多，特别是手机、网络等新媒体的快速普及，信息的传播日益显得便捷化，信息传播数量呈几何级数增长。尽管常言道，“不实信息止于智者”，但由于现代传媒技术的迅速发展，信息的传递速度剧增，尚未等应急管理部门对相关危机信息进行证伪，不实信息就已经通过各种媒体渠道在民众中迅速蔓延，从而引发群体的焦虑不安。如果媒体不能在危机事件发生后第一时间将真实、权威的信息告知民众，则会出现小道消息、不实信息四处散布的情况，进而引发非理性应激心理与行为的传播，带来极大的人员伤亡或物质损失，给应急管理工作带来极大的挑战。国外学者做过一项实验，要有效地清除掉受众在第一时间接受的信息，至少需要数倍于第一信息的信息量，可见第一信息的重要性。因此，媒体应争取在第一时间向民众告知真相，满足公众的信息需求，用更加公开透明的举措，让真相走在不实信息前面，并及时跟进危机的最新进展，以及应急管理部门所正在采取的应急措施，让民众确实感到危机是可控的。

危机管理专家诺曼·奥古斯丁主张："说真话，立刻说。"紧急事件发生后，建立一个能够让正确信息快速传达的沟通渠道，准确、及时、主动向民众发布简要、权威信息，先入为主，掌握主导权，随后发布初步核实情况、民众防范避险措施和应急管理部门的应对措施等，使社会公众及时获得必要的信息，保障公民享有知情权，引导社会公众调适心态，努力达到处变不惊、临危不乱的社会效果。当今社会，现代科技日新月异，信息传播的速度与广度空前提高，信息发布的手段与渠道也多种多样，应急管理部门发布信息应充分利用手机、电视、网络、广播电台、报刊等各种沟通手段和传播渠道，多管齐下，综合运用。召开新闻发布会、接受媒体专访等多种形式，主动、及时、准确地发布权威的相关辟谣信息。还可以邀请权威专家、行业负责人等出面发布新闻信息，积极引导舆论，让民众远离不实信息，克服焦虑不安心理，减少不安定因素。

（3）对编造、故意散布虚假信息者实施严厉的法律制裁和惩罚。应急管理部门必须采取措施对编造、故意传播虚假信息的行为加以打击、惩戒，对那些危害国家和公共安全的造谣惑众者，要坚决依法处置。此举可以对那些妄图故意散播虚假信息的不良分子起到一定的警示与震慑作用。

（4）提高应急管理部门的公信力。应急管理部门公信力的建立十分重要，只有管理部门赢得民众的信任和支持，才能使民众对管理部门制定的方针、政策产生情感认同与行为服从，能使管理部门的政令达到“有令则行，有禁则止”的效果。提高应急管理部门的公信力，有利于管理部门在危机来临时最大限度地促使非理性应激心理与行为传播者转化为非理性应激心理与行为免疫者。应急管理部门应该进一步建立和健全紧急事件的快速查验、快速上报和信息公开机制，对于如夜间、凌晨等特殊时间段进行重点关注，制定切实可行的应急处置细则。加强对紧急事件危险源的监测、监控并实施监督管理，建立紧急事件风险防范体系，积极预防、及时控制、消除隐患，提高对紧急事件防范和处理的能力，尽可能地避免或减少紧急事件的发生，消除或减轻紧急事件造成的中长期影响，最大限度地保障公众健康，保护人民群众生命财产安全。开展对紧急事件监测数据的收集、综合分析、风险评估工作。当地应急管理部门则应对相关企业的生产流程监察，采取更有力的监管、预警、处置措施，建立更科学可操作实用的保障制度，让民众感觉“心定”，对安全保障措施感觉到位、安全、可靠，从而消除民众的焦虑心理，降低民众应激心理的脆弱性、易感性。

（5）应急管理部门应当做好完善紧急事件信息传播中的通信保障工作。在紧急事件刚发生的初期，由于民众对相关信息的需求心理，急于通过与应急管理部门取得联络，想知道危机的真相、发生原因、影响、危害、最新进展及应急管理部门的应对措施、后续援助等相关信息，或者民众之间的相互通信联络，就会出现大批民众集中地使用手机、固定电话、网络等通信工具的情况，此时有限的通信资源便无法满足此时民众的通信需求，就会出现通信“瘫痪”的情况。这会对应急管理部门向民众传递相关权威信息造成障碍，从而大大减缓危机的应对成效。在紧急事件中，如果出现通信障碍问题，手机、电话将无法正常使用，由于信息的无法正常传递，更加剧了民众的焦虑不安心理。因此，各级通信管理部门要及时组织有关基础电信运营企业，保障紧急事件处置过程中的通信畅通，必要时在现场开通应急通信设施，保证指挥通信通畅。负责紧急事件应急救援的职能部门值班电话保持24小时畅通。在通信畅通的条件下，应急管理部门发布的辟谣信息与事件真相才能及时地传递给广大民众，使更多的非理性应激心理与行为传播者转化为非理性应激心理与行为免疫者。

# 本章小结

本章分析了非理性应激心理与行为的直接动因与形成过程，探讨了群体非理性应激心理与行为状态之间的转化关系，在此基础上，考虑构建一类ILSAR群体应激心理与行为传播动力学模型以刻画紧急事件中群体应激心理与行为传播的过程，对所建模型的动力学稳定性进行了相关理论分析，探讨了群体应激心理与行为传播的最终稳定性状态。为验证所建模型的有效性，采集了相关实际数据，对模型进行了较好的拟合。对所建模型进行了相关数值实验，一方面，数值实验结果验证了相关理论分析结果的正确性；另一方面，通过数值实验考察了不同管理策略对非理性应激心理与行为传播过程的影响作用，为应急管理部门应对非理性应激心理与行为传播提供了理论依据和参考建议。

研究结果表明，紧急事件发生后，应急管理部门应该及时、全面、准确地向民众发布危机信息、告知事实真相，充分保障民众的知情权；在民众中加强企业生产安全基础知识的普及和宣传，包括预防、应急和救助等知识，增强民众自身的风险意识和危机应急意识，提高民众的危机识别、预警能力；组织应急演练或演习，使民众对相关知识、应对措施及应急预案有充分的认识和体验；科学规划布局，切实做好对企业生产流程监察工作，建立一整套完善的危机预防制度、应对流程、安全保障机制；提高应急管理部门的公信力；坚决对编造、故意传播虚假信息者依法予以严厉的打击与惩罚等，这些是遏制群体非理性应激心理与行为传播的重要措施和应对策略。

湖南师范大学商学院
商湘
BUSINESS COLLEGE OF HUNAN NORMAL UNIVERSITY

第五章

# XYZR型群体应激心理与行为传播建模及管理

本章提出并研究了一类带潜伏期、总人口数变化的群体应激心理与行为传播动力学模型。笔者分析了该模型的动力学特征，分别研究了该模型中群体应激心理与行为消除平衡点和群体应激心理与行为流行平衡点的存在性与稳定性，以及不同的管理策略对群体应激心理与行为传播过程的各种影响。在数值模拟中采用了龙格—库塔算法。为应急管理部门制定遏制群体应激心理与行为传播的管控策略及相关应急管理措施提供理论依据和参考建议。

# 第一节

# 引　言

Zhao 等（2013）在其研究中介绍了一类易感者—感染者—康复者（SIR）群体非理性应激心理与行为传播模型。该模型考虑在总数为 N 的封闭均匀混合人群。整个群体被分为三类人群：S、I、R。这里 S、I、R 分别代表群体非理性应激心理与行为传播者（类似于流行病传播者）、群体非理性应激心理与行为未知者（类似于流行病易感者）、知晓却不会再继续传播群体非理性应激心理与行为者（类似于流行病康复者）。在此 SIR 群体非理性应激心理与行为传播模型中，其群体非理性应激心理与行为传播规则作了如下假设：当一位非理性应激心理与行为未知者与一位非理性应激心理与行为传播者接触后，未知者可能会立刻相信非理性应激心理与行为传播者并传播非理性应激心理与行为给他人，即其此时直接转变成为一位传播者。然而这种假设却忽略了在现实中可能会出现的另一种情形，即未知者在成为传播者之前可能会经历一个潜伏期。出现这种情形的可能性在于：在紧急事件中，各种混合的且相互矛盾的信息满天飞，许多人不知所措，不能做出理性的判断且变得迷茫，或一些未知者当他们在知晓群体非理性应激心理与行为后不能迅速地辨别其真伪。此外，该模型没有考虑人员的流动性，即在未知者群体没有新进入人员或其他群体中没有移出（或离开）人员。尽管如此，此模型仍具有一定的创新性且对于群体非理性应激心理与行为传播的建模与分析中起到了重要的作用。

为了使群体应激心理与行为传播过程更贴近于现实，笔者提出了一类XYZR型群体应激心理与行为传播动力学模型用于研究紧急事件中群体应激心理与行为传播的动力学。共考虑了两种情形：首先，当未知者与传播者接触后，一定比例的未知者在成为传播者前可能会经历一个潜伏期的情形；其次，在一定区域内人员的流动性，即在未知者群体中有新加入者和其他的群体中有人员流出（或离开）的情形。

本章的其余部分安排如下：在第二节，描述XYZR型群体应激心理与行为传播模型并讨论该模型平衡点的存在性。在第三节，对该模型的动力学特征进行分析，分别研究得出群体应激心理与行为消除平衡点和群体应激心理与行为流行平衡点的稳定性条件。在第四节，报告数值实验结果并讨论这些结果对应急管理的现实指导意义。最后，给出本章的结论。

## 第二节 XYZR型群体非理性应激心理与行为传播模型

### 一、XYZR型群体非理性应激心理与行为传播模型

XYZR型群体非理性应激心理与行为传播模型定义如下：用 $N(t)$ 表示时刻为 $t$ 时的总人口数。按照个体对于群体非理性应激心理与行为的感知与反应，将全部人口分为四大类：未知者X，潜伏者Y，传播者Z，知情却不再传播者R，分别将其人口密度定义为 $X(t)$，$Y(t)$，$Z(t)$ 和 $R(t)$。

将那些属于“ignorant”群体的人称为未知者 X，即不知晓群体非理性应激心理与行为者。将那些属于“latent”群体的人称为潜伏者 Y，即在知晓群体非理性应激心理与行为后却不能立即辨别其真实性而需要积极努力通过各种渠道以核实其真实性者。假设潜伏者具有传播力，因为现实中有这样的可能性存在：一个具备与他人共享信息意识的潜伏者可能会及时地将信息告知他的朋友们或亲人们；另外，一些缺乏相应科学知识或文化水平较低的潜伏者可能由于不明白其所闻相关信息，也有可能将相关信息告知于他的朋友们或亲人们。在此情形，假设一个未知者与潜伏者接触的概率为 $\lambda \in (0, 1]$。将那些属于“spreader”群体的人称为传播者 Z，知晓群体非理性应激心理与行为并积极传播群体非理性应激心理与行为者。随着紧急事件的进一步发展，如果群体非理性应激心理与行为本身并不引人关注，一个传播者可能会自发地对群体非理性应激心理与行为失去兴趣。在此情形，假设一个未知者与一个传播者接触的概率为 $1-\lambda$。将那些属于“stifler”群体的人称为康复者 R，知晓却不会再继续传播群体非理性应激心理与行为者。根据定义可知：

$$N(t) = X(t) + Y(t) + Z(t) + R(t) \tag{5-1}$$

XYZR 型群体非理性应激心理与行为传播模型流程如图 5-1 所示：

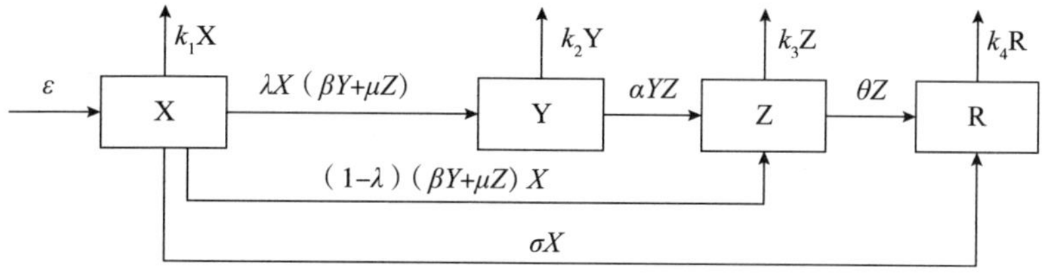


**图 5-1　XYZR 型群体非理性应激心理与行为传播模型流程**

首先，考虑群体非理性应激心理与行为在一个人口总数变化的人群中传播，并且有常数的迁入与迁出。令新迁入未知者群体的人员数为常数 $\varepsilon$，

$k_1$，$k_2$，$k_3$，$k_4$分别为未知者群体、潜伏者群体、传播者群体、康复者群体的迁出率，且迁出率之间相互独立。如图 5-1 所示，XYZR 型群体非理性应激心理与行为传播模型的群体非理性应激心理与行为传播规则概括如下：

(1) 当一个未知者以概率 $\lambda \in (0, 1]$ 与一个潜伏者接触，未知者成为一个潜伏者的比率为$\beta$，称为潜伏率。

(2) 当一个未知者以概率 $1-\lambda$ 与一个传播者接触，未知者相信群体非理性应激心理与行为并直接转变为传播者的比率为$\mu$，称为传播率。

(3) 因为部分具有专业知识或科学知识的未知者（如科学家或相关领域专业技术人员）不会受群体非理性应激心理与行为影响，因而这部分未知者直接转变为康复者，其比率为$\sigma$，称为康复率。

(4) 任何一个传播者可能会自觉失去传播群体非理性应激心理与行为的兴趣，因而转变为一个康复者，其比率为$\theta$，称为康复率。

同时，假设有 $(1-\lambda)(\beta Y+\mu Z)X$ 和 $\lambda X(\beta Y+\mu Z)$ 的未知者分别转变为传播者和潜伏者。当潜伏者与传播者接触时，部分潜伏者会坚信群体非理性应激心理与行为并且将群体非理性应激心理与行为传播给未知者，于是，假设有 $\alpha YZ$ 的潜伏者改变他们的状态而转变为传播者，其中 $\alpha$ 是一个正的常数，其表示为潜伏者改变其状态的比率值。

基于以上假设并根据动力学理论笔者建立了 XYZR 型群体非理性应激心理与行为传播模型，其相应的微分方程描述如下：

$$\frac{dX}{dt}=\varepsilon-k_1X-(\beta Y+\mu Z)X-\sigma X$$

$$\frac{dY}{dt}=\lambda(\beta Y+\mu Z)X-k_2Y-\alpha YZ$$

$$\frac{dZ}{dt}=(1-\lambda)(\beta Y+\mu Z)X-(k_3+\theta)Z+\alpha YZ$$

$$\frac{dR}{dt}=\theta Z+\sigma X-k_4R$$

$$\frac{dN}{dt}=\frac{dX}{dt}+\frac{dY}{dt}+\frac{dZ}{dt}+\frac{dR}{dt}=\varepsilon-k_1X-k_2Y-k_3Z-k_4R \tag{5-2}$$

由式（5-2）中第一个方程可知：

$$\frac{dX}{dt}\leqslant\varepsilon-(k_1+\sigma)X \tag{5-3}$$

故：

$$\lim_{t\to\infty}\sup X\leqslant\frac{\varepsilon}{k_1+\sigma} \tag{5-4}$$

又由式（5-2）中最后一个方程可知：

$$\frac{dN}{dt}=\frac{dX}{dt}+\frac{dY}{dt}+\frac{dZ}{dt}+\frac{dR}{dt}=\varepsilon-k_1X-k_2Y-k_3Z-k_4R\leqslant\varepsilon-\bar{k}N \tag{5-5}$$

其中 $\bar{k}=\min\{k_1, k_2, k_3, k_4\}$，于是得到：

$$\lim_{t\to\infty}\sup N\leqslant\frac{\varepsilon}{\bar{k}} \tag{5-6}$$

因为 R 没有在其他的方程中出现，所以可以在分析中省略。这表明该模型可以在如下的可行域中进行研究：

$$\Theta=\{(X, Y, Z)\in R_+^3: X\leqslant\frac{\varepsilon}{k_1+\sigma}, X+Y+Z\leqslant\frac{\varepsilon}{\bar{k}}\} \tag{5-7}$$

其中 $R_+^3$ 表示为三维空间中的非负锥及其各个低维平面。易证明 Θ 是式（5-2）的正向不变集。

易知，若先确定了含有三个变量的系统（X，Y，Z）的动力学特征，那么 R 可由方程 $\frac{dR}{dt}=\theta Z+\sigma X-k_4R$ 来确定。于是简化后的极限动力系统可表示为：

$$\frac{dX}{dt} = \varepsilon - k_1X - (\beta Y + \mu Z)X - \sigma X = f_1(X, Y, Z)$$

$$\frac{dY}{dt} = \lambda(\beta Y + \mu Z)X - k_2Y - \alpha YZ = f_2(X, Y, Z)$$

$$\frac{dZ}{dt} = (1 - \lambda)(\beta Y + \mu Z)X - (k_3 + \theta)Z + \alpha YZ = f_3(X, Y, Z) \quad (5-8)$$

首先考虑式（5-8）的平衡点存在性。当群体非理性应激心理与行为消除平衡点存在时，此时系统中不存在潜伏者和传播者，即 $Y = 0$ 且 $Z = 0$，这意味着群体非理性应激心理与行为消亡。无论取任何参数值，式（5-8）恒存在一个群体非理性应激心理与行为消除平衡点 $\varphi_0 = (\frac{\varepsilon}{k_1 + \sigma}, 0, 0)$。令 $\varphi^* = (X^*, Y^*, Z^*)$ 表示群体非理性应激心理与行为流行平衡点，其中满足条件 $X^*, Y^*, Z^* > 0$。为求出式（5-8）的群体非理性应激心理与行为流行平衡点 $\varphi^* = (X^*, Y^*, Z^*)$，令：

$$f_1(X, Y, Z) = \varepsilon - k_1X - (\beta Y + \mu Z)X - \sigma X = 0$$

$$f_2(X, Y, Z) = \lambda(\beta Y + \mu Z)X - k_2Y - \alpha YZ = 0$$

$$f_3(X, Y, Z) = (1 - \lambda)(\beta Y + \mu Z)X - (k_3 + \theta)Z + \alpha YZ = 0$$

（5-9）

由可行域即式（5-7）的定义可知，

$$\frac{\varepsilon}{(k_1 + \sigma)X^*} \geqslant 1 \quad (5-10)$$

定义：

$$R_0 = \frac{\varepsilon}{(k_1 + \sigma)X^*} = \frac{\varepsilon[\lambda k_3\beta + (k_2 + \alpha)\mu + \lambda(\theta - k_2\mu)]}{(k_1 + \sigma)(k_3 + \theta)} \quad (5-11)$$

其中 $R_0$ 为决定平衡点个数的阈值参数。

对式（5-9）进行数学分析可以得到以下结论：

（1）如果 $R_0 \leq 1$，则群体非理性应激心理与行为消除平衡点 $\varphi_0$ 是可行域 $\Theta$ 中的唯一平衡点。

（2）如果 $R_0 > 1$，则存在两个平衡点：群体非理性应激心理与行为消除平衡点 $\varphi_0$ 和群体非理性应激心理与行为流行平衡点 $\varphi^*$。

接下来，将对式（5-8）进行动力学分析，主要是研究这些平衡点的稳定性条件。

## 二、XYZR 型群体非理性应激心理与行为传播模型的动力学分析

（1）如果 $R_0 < 1$，式（5-8）的群体非理性应激心理与行为消除平衡点 $\varphi_0$ 是局部渐近稳定的。

**证明**：式（5-8）在群体非理性应激心理与行为消除平衡点 $\varphi_0 = (\frac{\varepsilon}{k_1 + \sigma}, 0, 0)$ 处的雅可比矩阵为

$$J(\varphi_0) = \begin{bmatrix} -k_1 - \delta & -\beta(\frac{\varepsilon}{k_1 + \sigma}) & -\mu(\frac{\varepsilon}{k_1 + \sigma}) \\ 0 & \lambda\beta(\frac{\varepsilon}{k_1 + \sigma}) - k_2 & \lambda\mu(\frac{\varepsilon}{k_1 + \sigma}) \\ 0 & (1 - \lambda)\beta(\frac{\varepsilon}{k_1 + \sigma}) & (1 - \lambda)\mu(\frac{\varepsilon}{k_1 + \sigma}) - (k_3 + \theta) \end{bmatrix} \tag{5-12}$$

矩阵 $J(\varphi_0)$ 的其中一个特征值为 $\lambda_1 = -(k_1 + \delta) < 0$。另外两个特征值 $\lambda_2$，$\lambda_3$ 是下列二阶矩阵 $L$ 的特征值。

$$L=\begin{bmatrix}\lambda\beta(\frac{\varepsilon}{k_1+\sigma})-k_2 & \lambda\mu(\frac{\varepsilon}{k_1+\sigma})\\ (1-\lambda)\beta(\frac{\varepsilon}{k_1+\sigma}) & (1-\lambda)\mu(\frac{\varepsilon}{k_1+\sigma})-(k_3+\theta)\end{bmatrix} \tag{5-13}$$

于是得到：

$$\mathrm{tr}(L)=\lambda\beta(\frac{\varepsilon}{k_1+\sigma})-k_2+(k_3+\theta)\left[\frac{(1-\lambda)\mu(\frac{\varepsilon}{k_1+\sigma})}{(k_3+\theta)}-1\right] \tag{5-14}$$

考虑到前面给出的假设 $R_0<1$，则可知：

$$\lambda\beta(\frac{\varepsilon}{k_1+\sigma})-k_2<0$$

$$\frac{(1-\lambda)\mu(\frac{\varepsilon}{k_1+\sigma})}{(k_3+\theta)}-1<0 \tag{5-15}$$

于是，可得：

$$\mathrm{tr}(L)=\lambda\beta(\frac{\varepsilon}{k_1+\sigma})-k_2+(k_3+\theta)\left[\frac{(1-\lambda)\mu(\frac{\varepsilon}{k_1+\sigma})}{(k_3+\theta)}-1\right]<0 \tag{5-16}$$

由简单的计算可知：

$$\begin{aligned}\det(L)&=\left[\lambda\beta(\frac{\varepsilon}{k_1+\sigma})-k_2\right]\left[(1-\lambda)\mu(\frac{\varepsilon}{k_1+\sigma})-(k_3+\theta)\right]-\\&\quad\lambda\mu(\frac{\varepsilon}{k_1+\sigma})(1-\lambda)\beta(\frac{\varepsilon}{k_1+\sigma})\\&=\frac{\varepsilon(k_2+\alpha)}{(k_1+\sigma)}(1-R_0)\end{aligned} \tag{5-17}$$

所以，$\det(L)>0$ 当且仅当 $R_0<1$。因此，由 Routh-Hurwitz 准则，当

$R_0 < 1$ 时，式（5-8）群体非理性应激心理与行为消除平衡点 $\varphi_0$ 是局部渐近稳定的。证毕。

接下来，考虑群体非理性应激心理与行为消除平衡点 $\varphi_0$ 的全局稳定性。

（2）当 $R_0 \leqslant 1$ 时，群体非理性应激心理与行为消除平衡点 $\varphi_0$ 是全局渐近稳定的。

**证明**：采用李雅普诺夫函数方法来证明群体非理性应激心理与行为消除平衡点 $\varphi_0$ 是全局渐近稳定性。

构造一个李雅普诺夫函数 $\psi$ 如下：

$$\psi = \left(\frac{\beta}{k_2} + \frac{\mu\alpha}{k_2(k_3 + \theta)}\right)Y + \frac{\mu}{k_3 + \theta}Z \tag{5-18}$$

于是：

$$\begin{aligned}
\frac{d\psi}{dt} &= \left(\frac{\beta}{k_2} + \frac{\mu\alpha}{k_2(k_3 + \theta)}\right)\frac{dY}{dt} + \frac{\mu}{k_3 + \theta}\frac{dZ}{dt} \\
&= \left[\left(\frac{\beta}{k_2} + \frac{\mu\alpha}{k_2(k_3 + \theta)}\right)\right]\left[\lambda(\beta Y + \mu Z)X - k_2 Y - \alpha YZ\right] + \\
&\quad \frac{\mu}{k_3 + \theta}\left[(1 - \lambda)(\beta Y + \mu Z)X - (k_3 + \theta)Z + \alpha YZ\right] \\
&= \left(\frac{k_1 + \delta}{\varepsilon}R_0 X - 1\right)(\beta Y + \mu Z)
\end{aligned} \tag{5-19}$$

由于 $R_0 \leqslant 1$ 和 $X \leqslant \frac{\varepsilon}{k_1 + \sigma}$，可得：

$$\begin{aligned}
\frac{d\psi}{dt} &= \left(\frac{k_1 + \delta}{\varepsilon}R_0 X - 1\right)(\beta Y + \mu Z) \\
&\leqslant (R_0 - 1)(\beta Y + \mu Z) \leqslant 0
\end{aligned}$$

而且，$\frac{d\psi}{dt} = 0 \Leftrightarrow Y = Z = 0$ 或 $R_0 = 1$ 且 $X = \frac{\varepsilon}{k_1 + \sigma}$。于是 $\frac{d\psi}{dt} = 0$ 的可行域

$\Theta$ 的闭集的最大不变子集为 $\{\varphi_0\}$ 。由 LaSalle 不变集原理，$\varphi_0$ 在可行域 $\Theta$ 中是全局渐近稳定的。证毕。

下面，将研究群体非理性应激心理与行为流行平衡点 $\varphi^*$ 的全局稳定性。

(3) 如果 $R_0 > 1$，式（5-8）的群体非理性应激心理与行为流行平衡点 $\varphi^*$ 在可行域 $\Theta$ 中是全局稳定的。

**证明：** 利用 Routh-Hurwitz 准则来证明群体非理性应激心理与行为流行平衡点 $\varphi^*$ 的全局稳定性，需要证明式（5-8）的雅可比矩阵 $J(\varphi^*)$ 的所有特征根有负实部。于是下面将分别证明当满足条件 $R_0 > 1$ 时，$\mathrm{tr}(J) < 0$，$\det(J) < 0$ 且 $\mathrm{tr}(J) \times M - \det(J) < 0$。

式（5-8）在群体非理性应激心理与行为流行平衡点 $\varphi^*$ 处的雅可比矩阵：

$$J(\varphi^*)=$$

$$\begin{bmatrix} -k_1-(\beta Y^*+\mu Z^*)-\delta & -\beta X^* & -\mu X^* \\ \lambda(\beta Y^*+\mu Z^*) & \lambda\beta X^*-k_2-\alpha Z^* & \lambda\mu X^*-\alpha Y^* \\ (1-\lambda)(\beta Y^*+\mu Z^*) & (1-\lambda)\beta X^*+\alpha Z^* & (1-\lambda)\mu X^*-(k_3+\theta)+\alpha Y^* \end{bmatrix} \tag{5-20}$$

通过简单计算可得：

$$\mathrm{tr}(J(\varphi^*))=-k_1-(\beta Y^*+\mu Z^*)-\delta+\lambda\beta X^*-k_2-\alpha Z^*+ (1-\lambda)\mu X^*-(k_3+\theta)+\alpha Y^*<0 \tag{5-21}$$

另外，我们还可计算得到：

$$\det(J(\varphi^*))=(-k_1-\delta-\beta Y^*-\mu Z^*)(\lambda\beta X^*-k_2-\alpha Z^*)(\mu X^*-\lambda\mu X^*-k_3-\theta+\alpha Y^*)+(-\beta X^*)(\lambda\mu X^*-\alpha Y^*)((1-\lambda)(\beta Y^*+\mu Z^*))+(-\mu X^*)$$

$$((1-\lambda)\beta X^* + \alpha Z^*)\lambda(\beta Y^* + \mu Z^*) < 0 \qquad (5\text{-}22)$$

取 $M$ 表示为矩阵 $J(\varphi^*)$ 的二阶主子式的行列式的和，于是有：

$$\begin{aligned} M = &(-k_1-(\beta Y^* + \mu Z^*)-\delta)(\lambda\beta X^* - k_2 - \alpha Z^*) + \\ &\beta X^* \lambda(\beta Y^* + \mu Z^*) + (-k_1-(\beta Y^* + \mu Z^*)-\delta) \\ &((1-\lambda)\mu X^* - (k_3+\theta) + \alpha Y^*) + \mu X^*(1-\lambda)(\beta Y^* + \mu Z^*) + \\ &(\lambda\beta X^* - k_2 - \alpha Z^*)((1-\lambda)\mu X^* - (k_3+\theta) + \alpha Y^*) - \\ &(\lambda\mu X^* - \alpha Y^*)((1-\lambda)\beta X^* + \alpha Z^*) \end{aligned} \qquad (5\text{-}23)$$

于是由式（5-21）、式（5-22）、式（5-23）可知，当 $R_0 > 1$ 时，

$$\mathrm{tr}(J(\varphi^*)) \times \mathrm{M} - \det(J(\varphi^*)) < 0 \qquad (5\text{-}24)$$

又由式（5-21）、式（5-22）、式（5-24）和 Routh-Hurwitz 准则，可知雅可比矩阵 $J(\varphi^*)$ 的所有特征根有负实部，命题得证。

## 第三节 数值实验与讨论

在此节中，笔者将报告数值实验结果并进一步讨论这些结果对应急管理工作的现实指导意义。运用软件 Matlab 7.0 进行数值实验，实验中采用了龙格—库塔算法。首先，将通过数值实验来验证前面理论分析的结果。

数值实验表明当 $R_0 < 1$ 时，群体非理性应激心理与行为将会在一定区域内消亡（见图 5-2）。当 $R_0 > 1$ 时，群体非理性应激心理与行为将会在一定区域内流行（见图 5-3）。

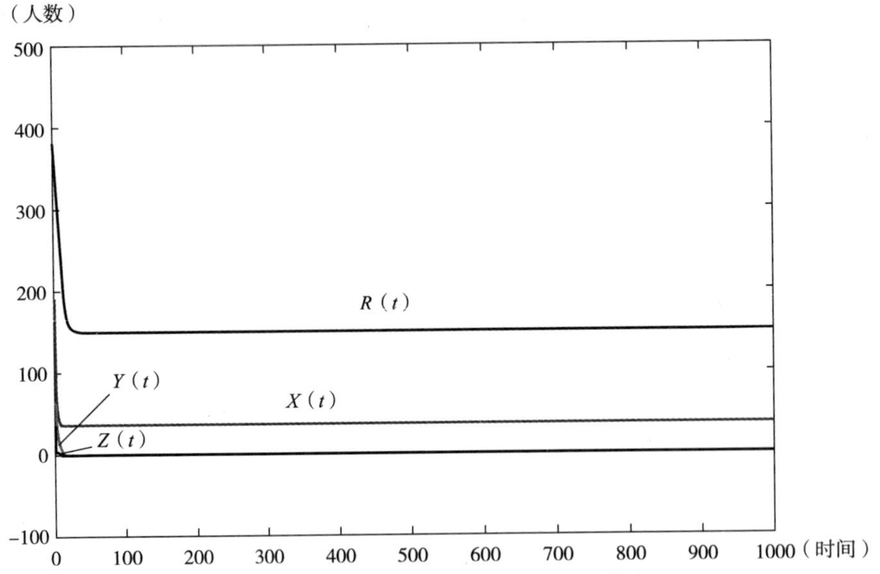


**图 5-2　$R_0$<1 时，X、Y、Z、R 的状态**

注：本图中 $\varepsilon=3$，$k_1=0.0005$，$k_2=0.0002$，$k_3=0.04$，$\beta=0.0005$，$k_4=0.2$，$\mu=0.00005$，$\sigma=0.85$，$\alpha=0.25$，$\theta=0.001$，$\lambda=0.06$，$R_0=0.2725<1$。

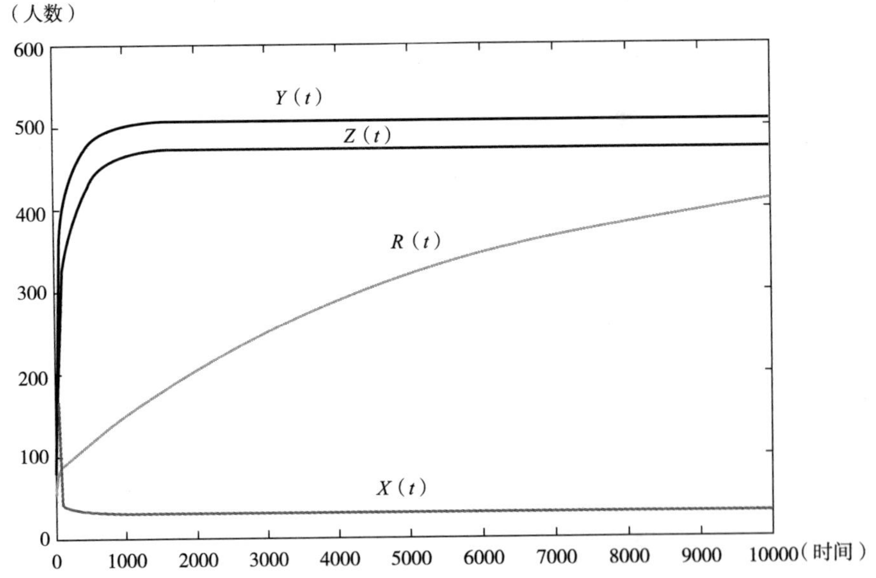


**图 5-3　$R_0$>1 时，X、Y、Z、R 的状态**

注：本图中 $\varepsilon=3$，$k_1=0.00005$，$k_2=0.002$，$k_3=0.004$，$\beta=0.00015$，$\lambda=0.6$，$k_4=0.0002$，$\mu=0.00005$，$\sigma=0.0015$，$\alpha=0.0015$，$\theta=0.0001$，$R_0=28.5484>1$。

回顾前文中提到的阈值参数 $R_0$，其表达式如下：

$$R_0 = \frac{\varepsilon}{(k_1 + \sigma)X^*} = \frac{\varepsilon(\lambda k_3\beta + (k_2 + \alpha)\mu + \lambda(\theta - k_2\mu))}{(k_1 + \sigma)(k_3 + \theta)} \quad (5-25)$$

从式（5-25）直接可知 $R_0$ 的值随着参数 $\mu$ 或 $\beta$ 的增大而增大，随着参数 $\sigma$ 的增大而减小。这在现实中可以解释为，如果存在较多的潜伏者和传播者，即意味着参数 $\mu$ 或 $\beta$ 足够大从而使 $R_0 > 1$，于是群体非理性应激心理与行为将在一定区域内趋于流行。相反，如果管理部门在紧急事件发生后作出迅速的反应如及时清除群体非理性应激心理与行为的源头和打击惩罚群体非理性应激心理与行为传播者，通过权威媒体渠道发布权威信息，提高民众的辨别力，于是参数 $\mu$ 或 $\beta$ 将变得足够小，参数 $\sigma$ 将变得足够大，从而使 $R_0 < 1$，群体非理性应激心理与行为将在一定区域内“消亡”。此外，从应急管理策略的角度，应急管理部门惩处群体非理性应激心理与行为传播者会使传播率 $\mu$ 的值减少，及时地发布透明信息将使潜伏率 $\beta$ 的值减少，科学知识的普及和民众辨别力的提升则将使康复率 $\sigma$ 的值增加。

以上分析表明，在 $R_0$ 表达式中的参数 $\mu$、$\beta$ 和 $\sigma$ 是 XYZR 型群体非理性应激心理与行为传播模型中的三个重要参数。所以，为应急管理部门制定遏制群体应激心理与行为传播的管控策略及相关应急管理措施提供理论依据和参考建议，笔者将通过数值实验来实现这一目标，主要的方法是采取分别变换以上三个不同参数值的方式来探究各对应的管理策略对群体非理性应激心理与行为传播过程的影响。

从图 5-4 中可以看出，当其他参数取固定值时，随着传播率 $\mu$ 的值的减少，传播者 $Z(t)$ 的数量会相应地减少。这可以理解为，当传播率 $\mu$ 的值减少时，表明传播者的传播能力下降，即意味着传播者与未知者联系的机会越少，从而使群体非理性应激心理与行为传播更为困难。在紧急事件

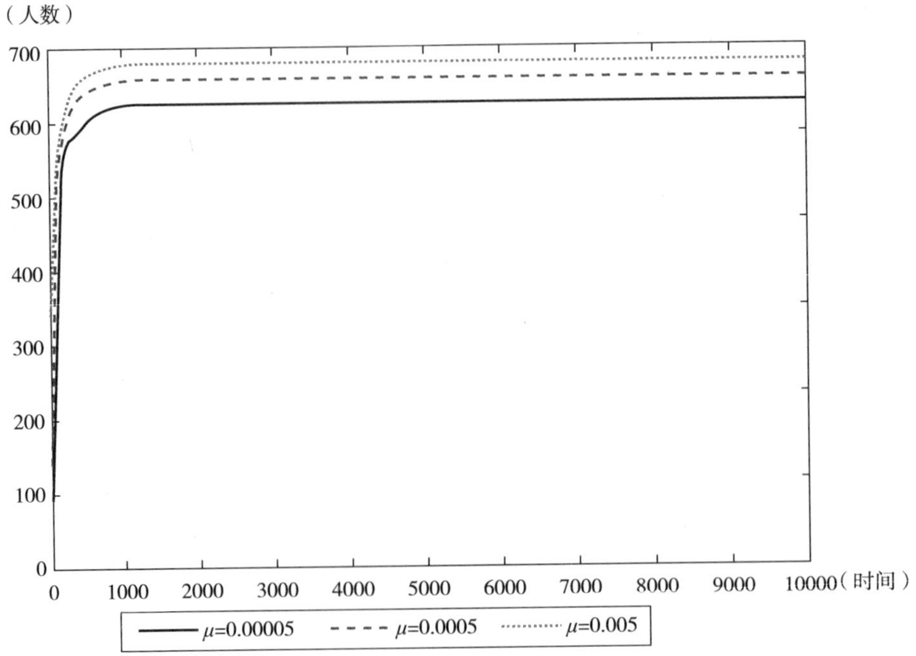


**图 5-4 $\mu$ 取不同值时 $Z(t)$ 数量随着时间变化趋势**

注：本图中 $\varepsilon = 3$，$k_1 = 0.00005$，$k_2 = 0.002$，$k_3 = 0.004$，$k_4 = 0.0002$，$\beta = 0.00015$，$\sigma = 0.0015$，$\alpha = 0.015$，$\theta = 0.0001$，$\lambda = 0.6$。

中，应急管理部门和媒体应当积极应对并做出迅速而有效的反应，此举将有助于及时地控制群体非理性应激心理与行为发生的源头，并遏制其传播与蔓延之势。及时清除群体非理性应激心理与行为发生的根源，建立相应法律法规并加强对群体非理性应激心理与行为传播者的打击力度，对于遏制群体非理性应激心理与行为传播是至关重要的。

如图 5-5 所示，潜伏率 $\beta$ 的值越小，则群体非理性应激心理与行为传播者的数量相应地越少。即意味着更少的未知者转变为潜伏者。此外，应该注意到，随着紧急事件的继续发展，一部分潜伏者可能会相信群体非理性应激心理与行为而转变为传播者，此过程延缓了传播者最终消失的时间。这表明应急管理部门应该在群体非理性应激心理与行为被广泛传播前迅速地发布透明信息，公布相关事实及应急管理部门所采取的积极应对措施，因为危机信息的准确性与开放性有助于缓解民众的焦虑不安情绪。在紧急事件的初期阶段，各种未经证实的小道消息漫天飞舞，面对混杂或矛盾的信息，由于相关权威信息的缺位，很多普通民众将会难以辨别信息的真伪而显得十分地迷茫，此时人们往往期望通过权威的信息渠道获知事实的真相。在紧急事件中，应急管理部门应当采取透明且积极的方式向民众发布相关危机信息，并迅速地采取相关应急救援措施，如增加应急物资供给和加强监管以稳定物价等。这些表明及时的应急响应能将其紧急事件所导致的危害程度降至最低，通过权威媒体渠道及时地发布透明信息是遏制群体非理性应激心理与行为传播有效策略之一。

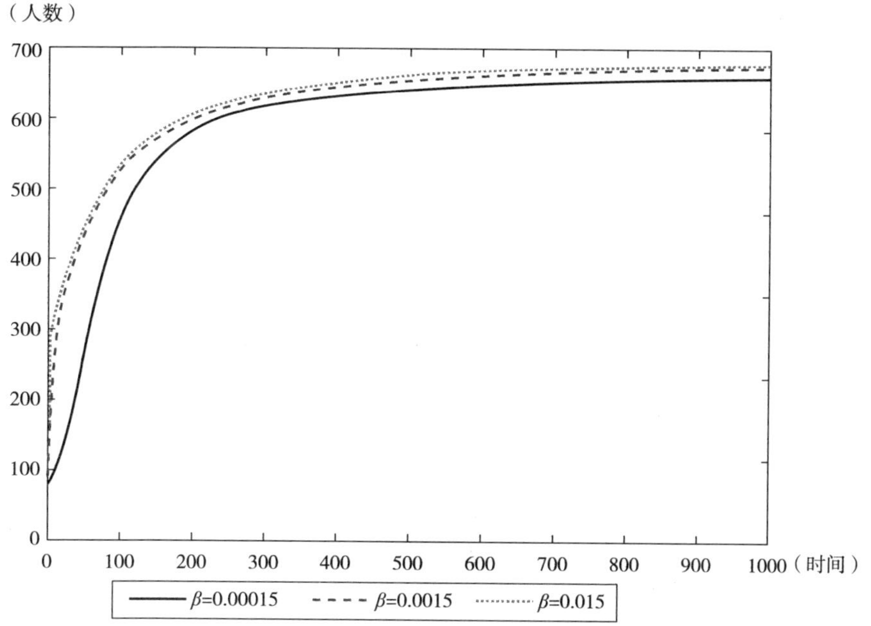


**图 5-5　$\beta$ 取不同值时 $Z(t)$ 数量随着时间变化趋势**

注：本图中 $\varepsilon=3$，$k_1=0.00005$，$k_2=0.002$，$k_3=0.004$，$k_4=0.0002$，$\mu=0.00005$，$\sigma=0.0015$，$\alpha=0.015$，$\theta=0.0001$，$\lambda=0.6$。

从图 5-6 中可知，康复率 $\sigma$ 的值越大，传播者 $Z(t)$ 数量曲线的峰值越低；群体非理性应激心理与行为终止得越快。如图 5-6 中所示，当康复率 $\sigma$ 由 0.0015 增大为 0.15 时，传播者 $Z(t)$ 数量值出现了大幅度下降。较高的康复率 $\sigma$ 的值，意味着更多的未知者 ignorants（例如知晓相关专业知识的专家或医生）直接转变为康复者 stiflers，且不再参与进一步的传播动力过程，从而使传播者 $Z(t)$ 数量减少。应当指出的是科学知识的普及和民众自身辨识能力的提高将会使 $\sigma$ 值增大。科学文化水平较低的民众往往更容易轻信不实信息。中国科技馆 2010 年一项调查显示，仅仅 3.27%的中国民众具备基本的科学知识。这表明在民众中普及科学知识是很有必要性的。在紧急事件中，由于民众普遍缺乏与紧急事件相关的基本科学知识，

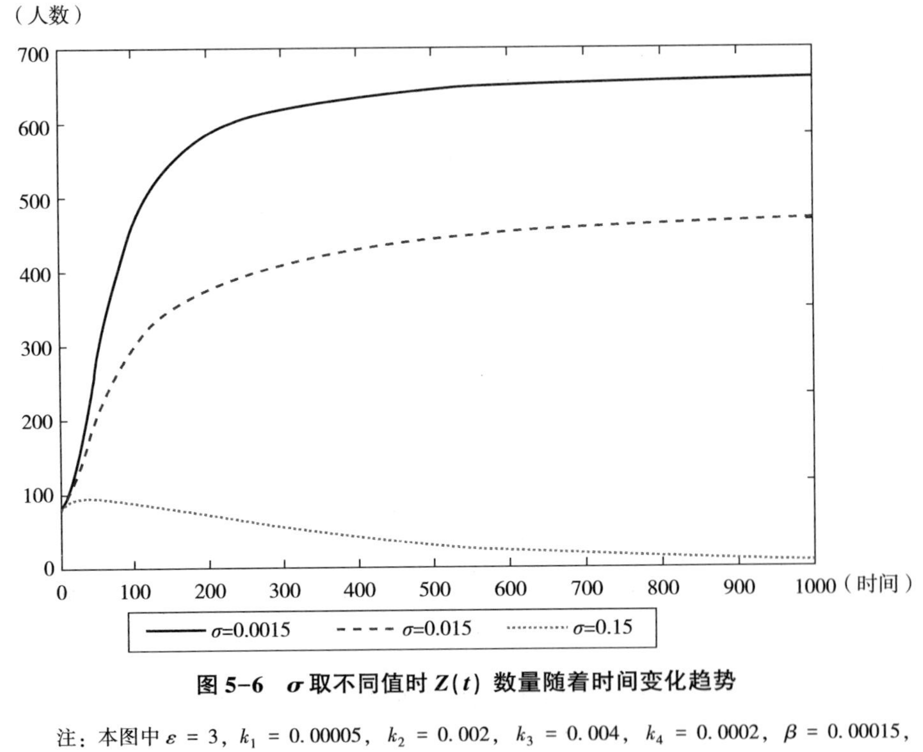


**图 5-6 $\sigma$ 取不同值时 $Z(t)$ 数量随着时间变化趋势**

注：本图中 $\varepsilon=3$，$k_1=0.00005$，$k_2=0.002$，$k_3=0.004$，$k_4=0.0002$，$\beta=0.00015$，$\mu=0.00005$，$\alpha=0.015$，$\theta=0.0001$，$\lambda=0.6$。

他们易轻信不实信息而纷纷抢购、囤积食品、应急物资等非理性应激行为。因此，应急管理部门和媒体应当做出许多富有成效的工作。除了及时地、透明地向民众公布相关危机信息外，媒体也积极向民众宣传与紧急事件有关的科学知识，例如可能发生的危害与防护、对健康的影响等相关科学知识，媒体可以邀请相关专家向民众宣传相关科学知识和解释紧急事件的相关具体情况。在相关应急管理部门及时地辟谣并普及科学知识后，民众非理性应激心理与行为传播将得到迅速地遏制，从而使群体非理性应激心理与行为最终“消亡”。

## 第四节 管理建议

为有效防控紧急事件中群体非理性应激心理与行为的传播，笔者提出下列管理建议：

（1）及时地清除不实信息的根源，建立相应法律、法规并加强对群体非理性应激心理与行为传播者的打击力度。从上文的研究结果（见图5-4），并结合紧急事件中的应急管理实践可知，在紧急事件中，从不实信息的传播根源上进行重点布防、清除与剿灭，可以有效地减少或阻断群体非理性应激心理与行为的持续传播；建立相应法律、法规并加强对群体非理性应激心理与行为传播者的打击力度，可依据群体非理性应激心理与行为的危害，分别从民事责任、行政责任、刑事责任三方面追究责任，使潜在的群体非理性应激心理与行为传播者对相关法律、法规形成一种心理敬畏感，进而使群体非理性应激心理与行为不会因为“制造成本”过低而泛滥传播。因此，及时地清除不实信息的根源，建立相应法律、法规并加强对群体非理性应激心理与行为传播者的打击力度对于遏制群体非理性应激心理与行为传播是至关重要的。

（2）及时地应急响应，通过权威媒体渠道及时地发布透明信息。从研究结果中（见图 5-5）可知，迅速地应急响应，通过权威媒体渠道及时地发布透明信息是有效的群体非理性应激心理与行为控制策略之一。当紧急事件发生后，各种危机信息在短时间内可能会迅速传播开来，如果应急管理部门不能及时采取应急响应措施，将可能使危机局面进一步失控；如果权威媒体不能及时地发布准确且透明的危机信息，处于紧急状态下民众则无法从权威媒体渠道得到这些信息。此时，各种未经证实的小道消息可能乘机在民众中肆意传播，而面对这些纷繁杂乱的危机信息，民众难以判别所接收的信息的真假，从而使民众产生焦虑不安、担忧等非理性应激心理，甚至引发紧急逃生、抢购食品、日用品、药品、没病乱喝药等非理性应激行为。因此，为将紧急事件所导致的危害程度降至最低，应急管理部门应及时地应急响应，通过权威媒体渠道向民众及时地发布透明信息。

（3）在民众中普及科学知识。从研究结果（见图 5-6）可知，在民众中普及科学知识将有助于遏制不实信息的传播。当今时代，不仅科技发展速度迅速，而且科技应用范围越来越广，为让更多民众跟上科技发展脚步，应当提升科学在民众中的普及程度。在民众中普及科学知识将有助于遏制群体非理性应激心理与行为传播。

# 本章小结

在本章中，首先笔者提出并研究了一类有潜伏期、总人口数变化的群体非理性应激心理与行为传播动力学模型（XYZR 模型）以研究紧急事件中群体非理性应激心理与行为传播动力学。其次，深入分析了该模型的全局动力学特征，分别研究了该模型中群体非理性应激心理与行为消除平衡点和群体非理性应激心理与行为流行平衡点的存在性与稳定性。理论分析结果得到了数值验证。数值模拟结果表明提高对群体应激心理与行为传播者的打击力度、及时地发布相关透明信息、在民众中积极普及科学知识、增强民众的辨识能力是遏制群体非理性应激心理与行为传播的有效措施。

通过分析得到了式（5-2）的动力学性质由阈值参数 $R_0$ 确定。根据阈值参数 $R_0$，当 $R_0 \leqslant 1$，群体非理性应激心理与行为消除平衡点 $\varphi_0$ 在可行域 $\Theta$ 内是全局渐近稳定的，于是在此情形下，群体非理性应激心理与行为传播将在一定区域内趋于“消亡”。当 $R_0 > 1$，群体非理性应激心理与行为流行平衡点 $\varphi^*$ 在可行域 $\Theta$ 内全局稳定。在此情形下，群体非理性应激心理与行为传播将在一定区域内持续存在。

为了给应急管理部门制定遏制群体非理性应激心理与行为传播的管控策略及相关应急管理措施提供理论依据和参考建议，笔者还通过数值实验分别研究了不同的管理策略对群体非理性应激心理与行为传播过程的不同影响。研究结果表明，加强在民众中开展相关科学知识的宣传、普及和教育，增强民众的风险辨识能力，使民众对一些可能对人体产生不良作用物品的性质、危害及有效防护措施等有科学、准确的认识，培养理性科学的国民心态与安全意识，提高民众对群体非理性应激心理与行为的判断力；新闻媒体作为信息传递者，应该及时、准确、清晰地向民众发布危机信息，应该在第一时间邀请权威专家、行业负责人等作出科学解释，满足民众的信息需求心理，消除民众的疑惑；应急管理部门应该进一步建立健全信息披露机制，及时地应急响应，尽快清除群体非理性应激心理与行为的根源，建立相应法律法规并加强对群体非理性应激心理与行为传播者的打击力度等，这些应对措施对于遏制群体非理性应激心理与行为传播是至关重要的。

# 第六章

# 研究结论与未来展望

# 第一节

# 主要研究内容及结论

本书着眼于为应急管理部门的应急管理机制构建和应急反应策略制定提供理论依据与参考建议，主要研究群体应激心理与行为传播建模及管理问题。首先，运用社会学、心理学、系统科学等多学科知识，分析了群体应激心理与行为的特征，群体应激心理与行为的形成、传播。其次，在此基础上，借鉴传染病动力学思想，分别构建了两个不同类型的群体应激心理与行为传播动力学模型以刻画群体应激心理与行为传播的过程，对所建模型的动力学稳定性进行了相关理论分析，并通过数值模拟验证了相关理论分析结果。最后，为相关管理部门如何有效应对非理性群体应激心理与行为传播提出了一些参考建议。本书的主要研究内容及结论如下：

（1）ILSAR 型群体应激心理与行为传播建模与管理研究。分析了紧急事件中群体非理性应激心理与行为的直接动因与形成过程，探讨了紧急事件中群体非理性应激心理与行为不同状态之间的转化关系，在此基础上，考虑构建一类 ILSAR 群体应激心理与行为传播动力学模型以刻画紧急事件中群体非理性应激心理与行为传播的过程，对所建模型的动力学稳定性进行了相关理论分析，探讨了紧急事件中群体非理性应激心理与行为传播的最终稳定性状态。为验证所建模型的有效性，采集了相关实际数据，对模型进行了较好的拟合。对所建模型进行了相关数值实验，一方面，数值实验结果验证了相关理论分析结果的正确性；另一方面，通过数值实验考察了不同管理策略对群体非理性应激心理与行为传播过程的影响作用，为应急管理部门应对紧急事件中的群体非理性应激心理与行为传播提出了相关参考建议。

研究结果表明，紧急事件发生后，应急管理部门应该及时、全面、准确地向民众发布危机信息、告知事实真相，充分保障民众的知情权；在民众中加强企业生产安全基础知识的普及和宣传，包括预防、应急和救助等知识，增强民众自身的风险意识和危机应急意识，提高民众的危机识别、预警能力；组织应急演练或演习，使民众对相关知识、应对措施及应急预案有充分的认识和体验；科学规划布局，切实做好对企业生产流程监察工作，建立一整套完善的危机预防制度、应对流程、安全保障机制；提高应急管理部门的公信力；坚决对编造、故意传播虚假信息者依法予以严厉的打击与惩罚等是遏制群体非理性应激心理与行为传播的关键措施和策略。

（2）XYZR 型群体非理性应激心理与行为传播建模与管理研究。对紧急事件中民众的非理性应激心理与行为特征进行了分析，在此基础上，借鉴传染病动力学理论，考虑构建一类具有潜伏期的 XYZR 型群体非理性应激心理与行为传播动力学模型，以刻画紧急事件中群体非理性应激心理与行为传播的过程，运用微分动力系统理论分析了群体非理性应激心理与行为传播模型的平衡点及其稳定性，利用 Routh-Hurwitz 判据、李雅普诺夫函数方法、LaSalle 不变集原理和李雅普诺夫直接法研究了所建模型的动力学稳定性，并对所建模型进行了相关数值实验，直观地分析群体非理性应激心理与行为的传播过程，揭示紧急事件中群体非理性应激心理与行为传播的规律，分析了影响群体非理性应激心理与行为传播的关键因素。一方面，数值实验结果验证了相关理论分析结果的正确性；另一方面，通过数值实验考察了不同管理策略对紧急事件中群体非理性应激心理与行为传播过程的影响作用，为应急管理部门应对紧急事件中的群体非理性应激心理与行为传播提出了相关参考建议。

研究结果表明，加强在民众中开展相关科学知识的宣传、普及和教育，使民众对紧急事件的危害及有效防护措施等有科学、准确的认识，培养理性科学的国民心态与安全意识，提高民众对群体非理性应激心理与行为的判断力；应急管理部门应与新闻媒体积极沟通与合作，及时、准确、清晰地向民众发布危机信息，在第一时间邀请权威专家、行业负责人等做出科学解释，满足民众的信息需求心理，消除民众的疑惑；应急管理部门应该进一步建立健全信息披露机制，及时地应急响应，依法严惩编造、故意传播群体非理性应激心理与行为的行为，尽快清除群体非理性应激心理与行为的根源，这些应对措施对于遏制紧急事件中的群体非理性应激心理与行为传播是至关重要的。

（3）群体非理性应激心理与行为产生的机理。研究结果得出群体非理性应激心理与行为产生的机理如下：最初，群体中的每一个个体都处于社会结构与规范均满足社会一致性的正常状态。当这种已有的社会结构受到某种干扰因素而失序时，人们通常会感到种种不安和忧虑，试图了解更多关于这种类刚发生的不确定性与模糊状态的信息。其中，干扰因素指的是对人们的生命安全造成威胁的事件，如火警或烟雾报警，这类事件往往能吸引人们的关注，并迫使人们产生应激行为。在此之后，人们开始搜寻各类能有助于他们认知目前状态的有关信息。特别是在权威管理部门没有及时向公众发布相关真实信息的情况下，人们无法预判事态进一步发展的趋势，并且自身的安全感也会不断降低，面对各种小道消息或未经证实的群体非理性应激心理与行为，人们普遍抱有的态度是“宁可信其有，不可信其无”，此时的人们更倾向于相信群体非理性应激心理与行为，人们的行为开始失常。由于想知道已发生的情况，人们开始观察周围其他人的反应并将别人的反应与自己的预期做对比分析。因为与自身密切相关，个体与个体间的交流更为迅速和直接，形成了一个关于事件发展过程的共同关注的氛围。于是就从集体阶段进入到集体兴奋阶段，当群体中个体的陈述被组合和综合起来时，就形成了对事件的群体共识。这种共识会增加个体的易感性和从众性，同时减少了个体的非从众性。最后，当个体形成了对事件发生状态的群体意志表达，个体开始选择和行动。此时，为生存而竞争的群体危机达到顶峰状态，便产生了群体非理性应激心理与行为。

## 第二节 研究的局限性及未来展望

值得一提的是，本书仍然存在一些局限性如下：

第一，本书未选取紧急事件相关案例的一手资料进行研究。一方面，紧急事件具有危害波及面广、高度的不确定性、突然发生难以意料、事发时间久远等特征。另一方面，尽管笔者及其课题研究小组成员试图通过各种途径和渠道来获取第一手数据，而我们的能力、水平、资源均十分有限，目前而言，相关紧急事件第一手数据的收集尚有一定的难度。在以后的研究工作中，笔者将努力争取收集相关案例的第一手数据来进行相关研究。

第二，本书中还有一些因素未考虑进来。如所建模型的传播发生率采用其他多种形式，如 $\beta S^p I^q$、$\beta SI(1+I)$、$\frac{kI^pS}{1+\alpha I^q}$，可能更合理地解释实际；未考虑模型的离散化形式，对经历的时间周期长的突发事件可以考虑离散化模型来研究。

第三，研究方法的不足，本书没有考虑将群体非理性应激心理与行为传播动力学与复杂网络两种方法相结合进行研究。不同个体间传播恐慌的概率有差异，不同拓扑结构的社会网络中群体应激心理与行为传播规律也不相同，复杂网络为进一步解决这些问题提供了基础。

由于笔者能力有限，再加之研究问题的复杂性，本书只是对紧急事件背景下群体非理性应激心理与行为传播建模与管理研究进行了初步探索和研究，未来在以下方面可以进行更深入的研究、完善、拓展：

第一，努力争取获得第一手数据开展相关研究。第一手数据的真实性更能保证所建模型的有效性、可靠性。

第二，根据不同类型紧急事件的特征，在群体非理性应激心理与行为传播动力学模型中考虑多种形式的非线性发生率。在所建模型中应该增加对$\beta S^{P}I^{q}$、$\beta SI(1+I)$、$\dfrac{kI^{p}S}{1+\alpha I^{q}}$多形式非线性发生率的考察，以增加模型的合理性与有效性。

第三，考虑媒体传播效应对群体非理性应激心理与行为传播的影响。紧急事件发生后，个体接收到危机信息后，选择相信并继续传播或者不信甚至主动辟谣等受到诸多因素的影响。从风险沟通或危机传播的角度看，媒介化社会带来的深刻影响主要体现在对人的过度刺激和媒介化风险两个方面。例如，一件本来很小的紧急事件，如果媒体对此事件可能造成的负面影响作过度的报道，就有可能导致民众产生焦虑不安心理。因此，在未来的研究中，将关注媒体传播效应对群体非理性应激心理与行为传播的影响。

第四，考虑将群体应激心理与行为传播动力学与复杂网络两种方法相结合进行研究。基于计算机模拟，考虑紧急事件群体非理性应激心理与行为传播具有明显的社区性和层次性，结合无标度网络和小世界社会网络的拓扑结构，探讨群体非理性应激心理与行为传播的深度与广度。将复杂系统内部的各个元素抽象为结点，元素之间的关系视为连接，那么就构成了一个具有复杂连接关系的网络，该网络反映了系统的拓扑结构。网络的拓扑结构对包括计算机病毒、传染病、群体非理性应激心理与行为等在内的传播行为具有决定性的影响，因此把复杂系统抽象成复杂网络，从网络拓扑结构的角度进行复杂系统中群体非理性应激心理与行为传播的研究。

# 参考文献 REFERENCE


[1] Aguirre B E. Emergency evacuations, panic, and social psychology [J]. Psychiatry: Interpersonal and Biological Processes, 2005, 68 (2): 121-129.

[2] Ahmed E, Agiza H. On modeling epidemics including latency, incubation and variable susceptibility [J]. Physica A: Statistical Mechanics and its Applications, 1998, 253 (1): 347-352.

[3] Allport G W, Postman L. The psychology of rumor [M]. Oxford, England: Henry Holt, 1947.

[4] Anderson R M, May R M. Directly transmitted infectious diseases: control by vaccination [J]. Science, 1982, 215 (4536): 1053-1060.

[5] Bailey N T. The mathematical theory of infectious diseases and its applications [M]. New York: Hafner Press, 1975.

[6] Bame N, Bowong S, Mbang J, et al.. Global stability analysis for SEIS models with n latent classes [J]. Mathematical Biosciences and Engineering, 2008, 5 (1): 20-33.

[7] Becker P. Heterozygote manifestation in recessive generalized myotonia [J]. Human Genetics, 1979, 46 (3): 325-329.

[8] Belen S, Kropat E, Weber G-W. On the classical Maki-Thompson rumour model in continuous time [J]. Central European Journal of Operations Research, 2011, 19 (1): 1-17.

[9] Belen S, Pearce C E M. Rumours with general initial conditions [J]. Anziam Journal, 2004, 45 (3): 393-400.

[10] Berenson B. Rumor and reflection [M]. New York: Simon, 1952.

[11] Bernoulli D. Essai d'une nouvelle analyse de la mortalité causée par la petite vérole et des avantages de l'inoculation pour la prévenir [J]. Histoire de l'Acad Roy Sci (Paris) avec Mém des Math et Phys and Mém, 1760: 1-45.

[12] Bordia P, Rosnow R L. Rumor Rest Stops on the Information Highway Transmission Patterns in a Computer-Mediated Rumor Chain [J]. Human Communication Research, 1998, 25 (2): 163-179.

[13] Bordia P. Studying verbal interaction on the Internet: The case of rumor transmission research [J]. Behavior Research Methods, Instruments, & Computers, 1996, 28 (2): 149-151.

[14] Brauer F, Van Den Driessche P. Models for transmission of disease with immigration of infectives [J]. Mathematical Biosciences, 2001, 171 (2): 143-154.

[15] Busenberg S, Van den Driessche P. Analysis of a disease transmission model in a population with varying size [J]. Journal of Mathematical Biology, 1990, 28 (3): 257-270.

[16] Chen G, Shen H, Ye T, et al.. A Kinetic Model for the Spread of Rumor in Emergencies [J]. Discrete Dynamics in Nature and Society, 2013 (2): 2123-2135.

[17] Cojocaru M-G, Bauch C T, Johnston M D. Dynamics of vaccination

strategies via projected dynamical systems [J]. Bulletin of Mathematical Biology, 2007, 69 (5): 1453-1476.

[18] Cooke K L, Yorke J A. Some equations modelling growth processes and gonorrhea epidemics [J]. Mathematical Biosciences, 1973, 16 (1): 75-101.

[19] Craske M G, DeCola J P, Sachs A D, et al.. Panic control treatment for agoraphobia [J]. Journal of Anxiety Disorders, 2003, 17 (3): 321-333.

[20] Daley D J, Gani J, Gani J J M. Epidemic modelling: an introduction [M]. Cambridge: Cambridge University Press, 2001.

[21] Daley D J, Kendall D G. Epidemics and rumours [J]. Nature, 1964 (204): 1118.

[22] Daley D, Kendall D G. Stochastic rumours [J]. IMA Journal of Applied Mathematics, 1965, 1 (1): 42-55.

[23] Dickinson R, Pearce C E M. Rumours, epidemics, and processes of mass action: synthesis and analysis [J]. Mathematical and Computer Modelling, 2003, 38 (11): 1157-1167.

[24] Dietz K. Epidemics and rumours: a survey [J]. Journal of the Royal Statistical Society Series A (General), 1967, 130 (4): 505-528.

[25] Dietz K, Molineaux L, Thomas A. A malaria model tested in the African savannah [J]. Bulletin of the World Health Organization, 1974, 50 (3-4): 347.

[26] DiFonzo N, Bordia P. How top PR professionals handle hearsay: corporate rumors, their effects, and strategies to manage them [J]. Public Relations Review, 2000, 26 (2): 173-190.

[27] Dodd S C. Formulas for spreading opinions [J]. Public Opinion Quarterly, 1958, 22 (4): 537-554.

[28] Doerr B, Fouz M, Friedrich T. Why rumors spread so quickly in

social networks [J]. Communications of the ACM, 2012, 55 (6): 70-75.

[29] Dushoff J, Huang W, Castillo-Chavez C. Backwards bifurcations and catastrophe in simple models of fatal diseases [J]. Journal of Mathematical Biology, 1998, 36 (3): 227-248.

[30] Ebihara M, Ohtsuki A, Iwaki H. A model for simulating human behavior during emergency evacuation based on classificatory reasoning and certainty value handling [J]. Computer-Aided Civil and Infrastructure Engineering, 1992, 7 (1): 63-71.

[31] Esteva L, Vargas C. Analysis of a dengue disease transmission model [J]. Mathematical Biosciences, 1998, 150 (2): 131-151.

[32] Fan M, Li M Y, Wang K. Global stability of an SEIS epidemic model with recruitment and a varying total population size [J]. Mathematical Biosciences, 2001, 170 (2): 199-208.

[33] Fine G A, Turner P A. Whispers on the color line: rumor and race in America [M]. University of California Press, 2001.

[34] Fisher D R. Rumoring Theory and the Internet A Framework for Analyzing the Grass Roots [J]. Social Science Computer Review, 1998, 16 (2): 158-168.

[35] Fonda A. Uniformly persistent semidynamical systems [J]. Proceedings of the American Mathematical Society, 1988: 111-116.

[36] Franca R, Marietto M, Steinberger M B. Proposing a cognitive multi-agent model for the panic in crowds phenomenon: proceedings of the Applications of Digital Information and Web Technologies [C]. 2009 ICADIWT'09 Second International Conference on the, 2009.

[37] French M. The nutritive value of some Tanganyika grasses [J]. Em-

pire Journal of Experimental Agriculture, 1941 (9): 23-28.

[38] Galam S. Modelling rumors: the no plane Pentagon French hoax case [J]. Physica A: Statistical Mechanics and its Applications, 2003 (320): 571-580.

[39] Gani J. The Maki-Thompson rumour model: a detailed analysis [J]. Environmental Modelling & Software, 2000, 15 (8): 721-725.

[40] Gao S, Chen L, Teng Z. Pulse vaccination of an SEIR epidemic model with time delay [J]. Nonlinear Analysis: Real World Applications, 2008, 9 (2): 599-607.

[41] Greenhalgh D, Diekmann O, de Jong M. Subcritical endemic steady states in mathematical models for animal infections with incomplete immunity [J]. Mathematical Biosciences, 2000, 165 (1): 1-25.

[42] Gu J, Li W, Cai X. The effect of the forget-remember mechanism on spreading [J]. The European Physical Journal B, 2008, 62 (2): 247-255.

[43] Hamer W H. The Milroy lectures on epidemic disease in England: the evidence of variability and of persistency of type [M]. London: Bedford Press, 1906.

[44] Heesterbeek J A P. A brief history of $R_0$ and a recipe for its calculation [J]. Acta Biotheoretica, 2002, 50 (3): 189-204.

[45] Heffernan J M, Smith R J, Wahl L M. Perspectives on the basic reproductive ratio [J]. Journal of the Royal Society Interface, 2005, 2 (4): 281-293.

[46] Helbing D, Farkas I, Vicsek T. Simulating dynamical features of escape panic [J]. Nature, 2000, 407 (6803): 487-490.

[47] Hethcote H W, Van den Driessche P. Some epidemiological models with nonlinear incidence [J]. Journal of Mathematical Biology, 1991, 29 (3):

271-287.

[48] Hethcote H, Zhien M, Shengbing L. Effects of quarantine in six endemic models for infectious diseases [J]. Mathematical Biosciences, 2002, 180 (1): 141-160.

[49] Hirsch W M, Hanisch H, Gabriel J P. Differential equation models of some parasitic infections: methods for the study of asymptotic behavior [J]. Communications on Pure and Applied Mathematics, 1985, 38 (6): 733-753.

[50] Hyman J M, Li J. An intuitive formulation for the reproductive number for the spread of diseases in heterogeneous populations [J]. Mathematical Biosciences, 2000, 167 (1): 65-86.

[51] Ikle F C, Quarantelli E, Rayner J, et al.. Withdrawal Behavior in Disasters: Escape, Flight, and Evacuation Movements [Z]. Washington, DC National Academy of Sciences-national Research Council, Division of Anthropology and Psychology Committee on Disaster Studies, 1957.

[52] Inaba H. Age-structured homogeneous epidemic systems with application to the MSEIR epidemic model [J]. Journal of Mathematical Biology, 2007, 54 (1): 101-146.

[53] Isham V, Harden S, Nekovee M. Stochastic epidemics and rumours on finite random networks [J]. Physica A: Statistical Mechanics and its Applications, 2010, 389 (3): 561-576.

[54] Johnson P L, Yates A J, Goronzy J J, et al.. Peripheral selection rather than thymic involution explains sudden contraction in naive CD4 T-cell diversity with age [J]. Proceedings of the National Academy of Sciences, 2012, 109 (52): 21432-21437.

[55] Jung C G. Collected papers on analytical psychology [M]. New

York: Moffat, Yard and Company, 1917.

[56] Kapferer J N. Rumors: uses, interpretations, and images [M]. New Brunswick: Transaction Publishers, 1990.

[57] Kawachi K. Deterministic models for rumor transmission [J]. Nonlinear Analysis: Real World Applications, 2008, 9 (5): 1989-2028.

[58] Kawachi K, Seki M, Yoshida H, et al.. A rumor transmission model with various contact interactions [J]. Journal of Theoretical Biology, 2008, 253 (1): 55-60.

[59] Kelley H H, Condry J C, Dahlke A E, et al.. Collective behavior in a simulated panic situation [J]. Journal of Experimental Social Psychology, 1965, 1 (1): 20-54.

[60] Kermack W O, McKendrick A G. Contributions to the mathematical theory of epidemics. II. The problem of endemicity [J]. Proceedings of the Royal society of London Series A, 1932, 138 (834): 55-83.

[61] Kermark M, Mckendrick A. Contributions to the mathematical theory of epidemics [C]. Part I: Proceedings of the Royal Society A: Mathematical, Physical and Engineering Sciences, 1927.

[62] Knapp R H. A psychology of rumor [J]. Public Opinion Quarterly, 1944, 8 (1): 22-37.

[63] Korobeinikov A, Maini P. A Lyapunov function and global proper-ties for SIR and SEIR epidemiological models with nonlinear incidence, Mathematical Biosciences and Engineering [J]. American Institute of Mathematical Sciences, 2004, 1 (1): 57-60.

[64] LaPiere R T. Collective behavior [M]. New York: McGraw-Hill, 1938.

[65] Lazarus R S. Psychological stress and the coping process [M]. New

York, NY, US: McGraw-Hill, 1966.

[66] Lebensztayn E, Machado F P, Rodríguez P M. Limit theorems for a general stochastic rumour model [J]. SIAM Journal on Applied Mathematics, 2011, 71 (4): 1476-1486.

[67] Lefevre C, Picard P. Distribution of the final extent of a rumour process [J]. Journal of Applied Probability, 1994: 244-249.

[68] Li G, Zhen J. Global stability of an SEI epidemic model with general contact rate [J]. Chaos, Solitons & Fractals, 2005, 23 (3): 997-1004.

[69] Li J, Ma Z. Qualitative analyses of SIS epidemic model with vaccination and varying total population size [J]. Mathematical and Computer Modelling, 2002, 35 (11): 1235-1243.

[70] Li M Y, Graef J R, Wang L, et al.. Global dynamics of a SEIR model with varying total population size [J]. Mathematical Biosciences, 1999, 160 (2): 191-213.

[71] Li M Y, Wang L. Global stability in some SEIR epidemic models [J]. Springer New York, 2002: 295-311.

[72] Liu W-m, Hethcote H W, Levin S A. Dynamical behavior of epidemiological models with nonlinear incidence rates [J]. Journal of Mathematical Biology, 1987, 25 (4): 359-380.

[73] Liu W-m, Levin S A, Iwasa Y. Influence of nonlinear incidence rates upon the behavior of SIRS epidemiological models [J]. Journal of Mathematical Biology, 1986, 23 (2): 187-204.

[74] Li X Z, Gupur G, Zhu G T. Existence and uniqueness of endemic states for the age-structured MSEIR epidemic model [J]. Acta Mathematicae Applicatae Sinica, 2002, 18 (3): 441-454.

［75］ Macdonald G. The analysis of equilibrium in malaria ［J］. Tropical Diseases Bulletin, 1952, 49 (9): 813-829.

［76］ Macdonald G. The epidemiology and control of malaria ［M］. Oxford: Oxford University Press, 1957.

［77］ Maki D P, Thompson M. Mathematical models and applications: with emphasis on the social, life, and management sciences ［M］. Prentice-Hall Englewood Cliffs, New Jersey: Prentice Hall, 1973.

［78］ Martcheva M, Thieme H R. Progression age enhanced backward bifurcation in an epidemic model with super-infection ［J］. Journal of Mathematical Biology, 2003, 46 (5): 385-424.

［79］ Mawson A R. Is the concept of panic useful for study purposes ［C］. proceedings of the Behavior in Fires National Bureau of Standards, Proceedings of the Second International Seminar on Behavior in Fire Emergencies, 1978.

［80］ Mena - Lorcat J, Hethcote H W. Dynamic models of infectious diseases as regulators of population sizes ［J］. Journal of Mathematical Biology, 1992, 30 (7): 693-716.

［81］ Milgram S. The experience of living in cities ［J］. Science, 1970 (167): 1461-1468.

［82］ Mintz A. Non-adaptive group behavior ［J］. The Journal of Abnormal and Social Psychology, 1951, 46 (2): 150.

［83］ Mollison D. Spatial contact models for ecological and epidemic spread ［J］. Journal of the Royal Statistical Society Series B (Methodological), 1977 (39): 283-326.

［84］ Moreno Y, Nekovee M, Pacheco A F. Dynamics of rumor spreading in complex networks ［J］. Physical Review E, 2004, 69 (6): 066130.

[85] Nekovee M, Moreno Y, Bianconi G, et al.. Theory of rumour spreading in complex social networks [J]. Physica A: Statistical Mechanics and its Applications, 2007, 374 (1): 457-470.

[86] Noelle - Neumann E. The spiral of silence: Public opinion—Our social skin [M]. Chicago: University of Chicago Press, 1993.

[87] Norazahar N, Khan F, Veitch B, et al.. Dynamic risk assessment of escape and evacuation on offshore installations in a harsh environment [J]. Applied Ocean Research, 2018 (79): 1-6.

[88] Pearce C E. The exact solution of the general stochastic rumour [J]. Mathematical and Computer Modelling, 2000, 31 (10): 289-298.

[89] Peterson W A, Gist N P. Rumor and public opinion [J]. American Journal of Sociology, 1951, 57 (2): 159-167.

[90] Pittel B. On a Daley-Kendall model of random rumours [J]. Journal of applied probability, 1990, 27 (1): 14-27.

[91] Quarantelli E. The behavior of panic participants [J]. Sociology and Social Research, 1957, 41 (3): 187-194.

[92] Rassia S T, Siettos C I. Escape Dynamics in Office Buildings: Using Molecular Dynamics to Quantify the Impact of Certain Aspects of Human Behavior During Emergency Evacuation [J]. Environmental Modeling & Assessment, 2010, 15 (5): 411-418.

[93] Reluga T C, Bauch C T, Galvani A P. Evolving public perceptions and stability in vaccine uptake [J]. Mathematical Biosciences, 2006, 204 (2): 185-198.

[94] Roshani F, Naimi Y. Effects of degree-biased transmission rate and nonlinear infectivity on rumor spreading in complex social networks [J].

Physical Review E, 2012, 85 (3): 036109.

[95] Rosnow R L, Fine G A. Rumor and gossip: The social psychology of hearsay [M]. Oxford, England: Elsevier, 1976.

[96] Rosnow R L. Inside rumor: A personal journey [J]. American Psychologist, 1991, 46 (5): 484-496.

[97] Ross R. The prevention of malaria [M]. London: Dutton, 1910.

[98] Ruan S, Wang W. Dynamical behavior of an epidemic model with a nonlinear incidence rate [J]. Journal of Differential Equations, 2003, 188 (1): 135-163.

[99] Saloma C, Perez G J, Tapang G, et al.. Self-organized queuing and scale-free behavior in real escape panic [J]. Proceedings of the National Academy of Sciences, 2003, 100 (21): 11947-11952.

[100] Schachter S, Burdick H. A field experiment on rumor transmission and distortion [J]. The Journal of Abnormal and Social Psychology, 1955, 50 (3): 363-371.

[101] Schneider B. The Reference Model SimPan-Agent-based Modelling of Human Behaviour in Panic Situations: proceedings of the Computer Modeling and Simulation [C]. 2008 UKSIM Tenth International Conference on, 2008.

[102] Selye H. Stress without distress [M]. Philadelphia, PA: J. B. Lippincott Co, 1974.

[103] Sharpe F R, Lotka A J. A problem in age-distribution [J]. The London, Edinburgh, and Dublin Philosophical Magazine and Journal of Science, 1911, 21 (124): 435-438.

[104] Shibutani T. Improvised news: A sociological study of rumor [M]. New York: The Bobb-Merril Company, 1966.

［105］ Smith H L, De Leenheer P. Virus dynamics: a global analysis ［J］. SIAM Journal on Applied Mathematics, 2003, 63 (4): 1313-1327.

［106］ Song M, Ma W, Takeuchi Y. Permanence of a delayed SIR epidemic model with density dependent birth rate ［J］. Journal of Computational and Applied Mathematics, 2007, 201 (2): 389-394.

［107］ Soper H. The interpretation of periodicity in disease prevalence ［J］. Journal of the Royal Statistical Society, 1929, 92 (1): 34-73.

［108］ Stern W. Zur psychologie der aussage: experimentelle untersuchungen über erinnerungstreue ［M］. Berlin: Verlag Von Guttentag, 1902.

［109］ Sudbury A. The proportion of the population never hearing a rumour ［J］. Journal of Applied Probability, 1985: 443-446.

［110］ Thieme H R, Feng Z. Endemic models with arbitrarily distributed periods of infection Ⅱ: Fast disease dynamics and permanent recovery ［J］. SIAM Journal on Applied Mathematics, 2000, 61 (3): 983-1012.

［111］ Truscott J, Webb C, Gilligan C. Asymptotic analysis of an epidemic model with primary and secondary infection ［J］. Bulletin of Mathematical Biology, 1997, 59 (6): 1101-1123.

［112］ Van den Driessche P, Watmough J. A simple SIS epidemic model with a backward bifurcation ［J］. Journal of Mathematical Biology, 2000, 40 (6): 525-540.

［113］ Walker C J, Beckerle C A. The effect of state anxiety on rumor transmission ［J］. Journal of Social Behavior & Personality, 1987, 2 (3): 353-360.

［114］ Wang W. Backward bifurcation of an epidemic model with treatment ［J］. Mathematical Biosciences, 2006, 201 (1): 58-71.

［115］ Wang W, Ruan S. Bifurcations in an epidemic model with constant removal rate of the infectives [J]. Journal of Mathematical Analysis and Applications, 2004, 291 (2): 775-793.

[116] Watson R. On the size of a rumour [J]. Stochastic Processes and Their Applications, 1987 (27): 141-149.

[117] Whittle P. Some distribution and moment formulae for the Markov chain [J]. Journal of the Royal Statistical Society Series B (Methodological), 1955 (17): 235-242.

[118] Wickwire K. Mathematical models for the control of pests and infectious diseases: a survey [J]. Theoretical Population Biology, 1977, 11 (2): 182-238.

[119] Wu LI, Feng Z. Homoclinic Bifurcation in an SIQR Model for Childhood Diseases [J]. Journal of Differential Equations, 2000, 168 (1): 150-167.

[120] Xiao B, Liu B. Exponential convergence of an epidemic model with continuously distributed delays [J]. Mathematical and Computer Modelling, 2008, 48 (3): 541-547.

[121] Xiao Y, Chen L. Dynamical behavior for a stage-structured SIR infectious disease model [J]. Nonlinear Analysis: Real World Applications, 2002, 3 (2): 175-190.

[122] Yorke J A, Hethcote H W, Nold A. Dynamics and control of the transmission of gonorrhea [J]. Sexually Transmitted Diseases, 1978, 5 (2): 51-56.

[123] Yoshida N, Hara T. Global stability of a delayed SIR epidemic model with density dependent birth and death rates [J]. Journal of Computational and Applied Mathematics, 2007, 201 (2): 339-347.

[124] Zanette DH. Dynamics of rumor propagation on small - world

networks [J]. Physical Review E, 2002, 65 (4): 041908.

[125] Zhang J, Ma Z. Global dynamics of an SEIR epidemic model with saturating contact rate [J]. Mathematical Biosciences, 2003, 185 (1): 15-32.

[126] Zhang T, Liu J, Teng Z. Stability of Hopf bifurcation of a delayed SIRS epidemic model with stage structure [J]. Nonlinear Analysis: Real World Applications, 2010, 11 (1): 293-306.

[127] Zhang T, Teng Z. Pulse vaccination delayed SEIRS epidemic model with saturation incidence [J]. Applied Mathematical Modelling, 2008, 32 (7): 1403-1416.

[128] Zhang X, Liu X. Backward bifurcation and global dynamics of an SIS epidemic model with general incidence rate and treatment [J]. Nonlinear Analysis: Real World Applications, 2009, 10 (2): 565-575.

[129] Zhang Y, Zhou S, Zhang Z, et al.. Rumor evolution in social networks [J]. Physical Review E, 2013, 87 (3): 032133.

[130] Zhang Z-l, Zhang Z-q. An interplay model for rumour spreading and emergency development [J]. Physica A: Statistical Mechanics and its Applications, 2009, 388 (19): 4159-4166.

[131] Zhao L, Cui H, Qiu X, et al.. SIR rumor spreading model in the new media age [J]. Physica A-Statistical Mechanics and its Applications, 2013, 392 (4): 995-1003.

[132] Zhao L, Wang J, Chen Y, et al.. SIHR rumor spreading model in social networks [J]. Physica A: Statistical Mechanics and its Applications, 2012, 391 (7): 2444-2453.

[133] Zhao X, Wang J. Dynamical model about rumor spreading with me-

dium [J]. Discrete Dynamics in Nature and Society, 2013.

[134] 常健，韦长伟. 当代中国社会二阶冲突的特点、原因及应对策略 [J]. 河北学刊，2011 (3)：25.

[135] 巢乃鹏，黄娴. 网络传播中的“谣言”现象研究 [J]. 情报理论与实践，2004，27 (6)：586-589.

[136] 陈力丹，陈俊妮. 松花江水污染事件中信息流障碍分析 [J]. 新闻界，2006 (6)：19-22.

[137] 陈力丹. 舆论学：舆论导向研究 [M]. 北京：中国广播电视出版社，1999.

[138] 陈曦，费奇，李炜. 基于计算实验的公众恐慌研究初探 [J]. 华中科技大学学报：社会科学版，2009 (2)：34-37.

[139] 陈烨. 突发事件中的网络谣言传播研究 [D]. 武汉：华中师范大学，2010.

[140] 成都“春熙路恐慌事件”1 人被刑事拘留 [EB/OL]. 2014-03-16 [2020-07-28]. http：//news. sohu. com/20140316/n396675456. shtml.

[141] 程华云. SARS 危机中社会恐慌行为的分析与对策 [J]. 福州大学学报：哲学社会科学版，2003，17 (4)：11-13.

[142] 程曼丽. 关于公共卫生事件信息传播的断想 [J]. 新闻与写作，2011 (8)：69-70.

[143] 传播谣言！长治 1 女子引起恐慌被拘留 [EB/OL]. 2020-03-23 [2020-06-19]. https：//baijiahao. baidu. com/s? id = 1661944050849017039&wfr = spider&for = pc.

[144] 丁利强. 突发性“群体恐慌”事件的社会问题探讨 [J]. 邢台学院学报，2011，26 (4)：5-7.

[145] 丁寅. 响水爆炸事件应“谣”醒风险社会意识 [J]. 湖南安全

与防灾，2011（4）：55.

［146］董静，沈惠璋，吴瑞明，赵继娣. 虚拟突发危机情境中群体认知与行为的实验研究方法与实现［J］. 系统管理学报，2019，28（3）：448-456.

［147］董文永，刘进，丁建立. 最优化技术与数学建模［M］. 北京：清华大学出版社，2010.

［148］范维澄. 国家突发公共事件应急管理中科学问题的思考和建议［J］. 中国科学基金，2007，2（71）：71-76.

［149］范以锦，陈展. 权威媒体在和谣言的博弈中如何胜出——河南"钴 60 事件"的启示［J］. 中国记者，2009（9）：40-41.

［150］福岛核事故［EB/OL］. 2021-01-15［2021-01-17］. https：//baike. baidu. com/item /%E7%A6%8F%E5%B2%9B%E6%A0%B8%E4%BA%8B%E6%95%85/10709052？fr=aladdin.

［151］付丽丽. 2019 年，科学终结了这些谣言［N/OL］. 科技日报，2019-12-24［2020-6-11］. http：//digitalpaper. stdaily. com/http_www. kjrb. com/ kjrb/ html/2019-12/24/content_437353. htm.

［152］傅祖鉴. 信息传播的新取向：受众的认知心理——从响水事件说起［J］. 声屏世界，2011（5）：13-14.

［153］官建文. 构筑防堵网络谣言的有效机制［J］. 新闻战线，2006（11）：65-67.

［154］"广元蛆橘"事件虽已平息，但一条小虫子"吃掉"十几亿元的［N］. 中国青年报，2008-11-18.

［155］郭庆光. 传播学教程［M］. 北京：中国人民大学出版社，1999.

［156］国际在线. 食盐危机谣言引发恐慌，孟加拉国民众抢完洋葱又抢盐［EB/OL］. 2019-11-21［2020-06-20］. https：//m. sohu. com/a/

355184014_115239.

［157］韩震. 关于不确定性与风险社会的沉思——从日本“3·11”大地震中的福岛核电站事故谈起［J］. 哲学研究，2011（5）：3-7.

［158］韩智勇，翁文国，张维，等. 重大研究计划“非常规突发事件应急管理研究”的科学背景，目标与组织管理［J］. 中国科学基金，2009（4）：215-220.

［159］河南杞县钴 60 事件续：封锁消息致谣言四起［EB/OL］. 2009-07-21［2020-08-01］. http：//www. dzwww. com/xinwen/guoneixinwen/200907/t20090721_4930017. htm.

［160］洪丹. 响水事件最大的困惑［N/OL］. 南方日报，2011-02-14（F02）［2014-4-19］. http：//epaper. nfdaily. cn/html/2011-02/14/content_6925215. htm.

［161］胡百精. 危机传播管理［M］. 北京：中国传媒出版社，2005.

［162］胡海涵. 从“谣盐风波”看社会谣言的生成机制［J］. 河南大学学报：社会科学版，2012，52（2）：63-68.

［163］胡钰. 大众传播效果：问题与对策［M］. 北京：新华出版社，2000.

［164］胡志兴，王辉，马知恩. 一个具有非线性接触率和种群动力学的传染病模型［J］. 高校应用数学学报，1997，12（4）：385-392.

［165］黄庆畅，张洋. 网络谣言害人害己；社会公众勿信勿传［N/OL］. 人民日报，2002-04-16［2014-4-19］. http：//paper. people. com. cn/rmrb/html/2012-04/ 16/nw. D110000renmrb_20120416_7-01. htm.

［166］黄玮. 谣言传播与“第三效果”分析——以抢购碘盐风潮为例［J］. 新闻爱好者，2011（11）：18-19.

［167］加拿大零售服装中藏带血针筒　刺伤数人引发恐慌［EB/OL］.

2012-05-31［2020-08-31］. http：//news. sina. com. cn/o/p/2012-05-15/112724418619. shtml.

［168］江华良. 紧急事件中基于资源约束的群体恐慌心理和行为特征研究［D］. 上海：上海交通大学，2009.

［169］江山. 新冠肺炎疫情外，警惕一场“谣言流行病”［N/OL］. 中国青年报，2020-06-10（1）［2020-06-12］. http：//news. cyol. com/co/2020-06/10/ content_18652888. htm.

［170］江苏响水 8 年前传爆炸谣言　万人逃命 4 人混乱中死亡［EB/OL］. 2019-03-21［2020-08-01］. http：//news. 163. com/19/0321/18/EAQGV34700018AOR. html.

［171］姜传胜. 人群拥挤踩踏事故应急对策［J］. 劳动保护，2011（2）：112-113.

［172］蒋光宇. 首因效应［J］. 发现，2007（10）：61.

［173］蒋蕴. 自律 · 互律 · 他律——从契约精神看微博自我净化发展过程与新现象［J］. 中国记者，2011（6）：76-77.

［174］金东华. 疫情爆发初期谣言引起恐慌！吉林市警方查处一起散布虚假疫情案［EB/OL］. 2020-05-29［2020-06-19］. https：//3g. 163. com/news/article/FDPIQI710534ASOI. html？from=history-back-list.

［175］可恶！恶意编造疫情引起群众恐慌　潮阳这名男子造谣被判一年二个月！［EB/OL］. 2020-03-03［2021-01-17］. https：//kuaibao. qq. com/s/20200303A0CE3V00？Refer =spider.

［176］狂欢变恐慌音乐节成惨剧，德国杜伊斯堡市“爱的大游行”音乐［EB/OL］. 2010-07-26［2020-07-31］. http：//news. sina. com. cn/w/2010-07-26/110617864066s. shtml.

［177］勒庞. 乌合之众——大众心理研究［M］. 北京：中央编译出版

社，2005.

[178] 李程伟. 公共危机管理：理论与实践探索 [M]. 北京：中国政法大学出版社，2006.

[179] 李丹丹. 突发公共危机事件下群体心理应激及其仿真研究 [D]. 秦皇岛：燕山大学，2018.

[180] 李力言. 响水事件不能止于“治谣” [J]. 安全与健康，2011 (3)：26.

[181] 李铭禄，陈安. 城市公众恐慌的度量模型及其应用研究 [J]. 应急管理汇刊，2007，2 (2)：5-17.

[182] 李南. 从雾霾报道看我国媒介公信力的提升 [J]. 新闻窗，2013 (2)：30-31.

[183] 廖卫民. 社会恐慌的传播机制与治理对策研究——基于谣“盐”风波的理论分析 [J]. 当代传播，2011 (3)：50-53.

[184] 廖晓昕. 稳定性的理论 [M]. 武汉：华中理工大学出版社，1999.

[185] 刘洪喜. 水污染事故频发的原因与对策 [J]. 环境保护与循环经济，2009，29 (5)：55-57.

[186] 刘建明. 宏观新闻学 [M]. 北京：中国人民大学出版社，1991.

[187] 刘建明. 舆论传播 [M]. 北京：清华大学出版社，2001.

[188] 刘晓岚，李爱哲. 灾难谣言成功传播的原因及应对——以 2012 世界末日谣言传播为例 [J]. 新闻界，2013 (9)：26-27.

[189] 陆忠华，高淑京，陈兰荪. Analysis of an SI Eepidemic model with nonlinear transmission and stage structure [J]. 数学物理学报：英文版，2003，23 (4)：440-446.

[190] 吕文凯. 舆论学简明教程 [M]. 郑州：郑州大学出版社，2008.

［191］罗时."2· 10"事件引出的反思［J］. 劳动保护，2011（4）：53-55.

［192］罗斯诺 RL，费思 GA. 流言［M］. 唐晖，等，译. 北京：国际文化出版公司，1990.

［193］罗筑娟，魏永榕. 抢盐风波中群体恐慌的心理成因及媒体疏导［J］. 新闻窗，2011（3）：6-7.

［194］马知恩，周义仓. 常微分方程定性与稳定性方法［M］. 北京：科学出版社，2001.

［195］马知恩，周义仓，王稳地，靳祯. 传染病动力学的数学建模与研究［M］. 北京：科学出版社，2004.

［196］默顿. 社会理论和社会结构［M］. 唐少杰，齐心，译. 上海：译林出版社，2006.

［197］男子编造发布新冠肺炎疫情谣言　兰州公安：行政拘留七日［EB/OL］. 2021-01-15［2021-01-17］. https：//baijiahao. baidu. com/s?id=1688943662891285637&wfr=spider&for=pc.

［198］秦启文，周永康. 公众在突发事件中的负面心理反应解构［J］. 西南师范大学学报，2006，32（1）：86-91.

［199］邱军宁，李骅. 由"杞县钴 60 泄露"事件看谣言的传播与应对策略［J］. 新闻世界，2010（11）：137-138.

［200］全球新冠病例过亿　世界呼唤勠力同心［EB/OL］. 2021-01-28［2021-02-01］. http：//www. xinhuanet. com/mrdx/2021-01/28/c_139704848. htm.

［201］沙莲香. 社会心理学［M］. 北京：中国人民大学出版社，1987.

［202］山丽杰，吴林海，钟颖琦，等. 添加剂滥用引发的食品安全事件与公众恐慌行为研究［J］. 华南农业大学学报：社会科学版，2012，11

(4)：97-105.

[203] 邵培仁. 媒介恐慌论与媒介恐怖论的兴起、演变及理性抉择[J]. 中国传媒大学学报，2007（4）：27-29.

[204] 沈丹菁. 群体性恐慌事件的发生逻辑及管理部门应对——基于“盐慌”事件的个案考察[J]. 唯实，2011（12）：45-47.

[205] 沈惠璋. 紧急事件应急序贯群决策与支持系统[M]. 北京：科学出版社，2011.

[206] 沈伟红. 管理部门危机管理机制研究[M]. 石家庄：河北人民出版社，2006.

[207] 石作砺，于葆，陈萍，缪进昌，陈耀福. 运动解剖学、运动医学大辞典[M]. 北京：人民体育出版社，2000.

[208] 时勘，陆佳芳，范红霞，等. SARS 危机中 17 城市民众的理性特征及心理行为预测模型[J]. 科学通报，2003，48（13）：1378-1383.

[209] 苏姗，柳昊. 网络甲流疫情报道对网民恐慌心理的影响初探[J]. 今传媒，2010（10）：36-37.

[210] 孙多勇. 基于 Logit 建模的个体灾难恐惧感知模型与实证研究[J]. 管理评论，2006，18（10）：48-53.

[211] 孙嘉卿，金盛华，曹慎慎. 灾难后谣言传播心理的定性分析——以“5・12 汶川地震”谣言为例[J]. 心理科学进展，2009，17（3）：602-609.

[212] 孙健. 突发事件中的流言传播——以响水万人出逃事件为例[J]. 声屏世界，2011（5）：11-12.

[213] 孙双双. 论公众在公共危机中的负面心理反应及调控[J]. 科技信息，2008（23）：566-583.

[214] 谭筱玲. 危机事件中的流言传播与应对[J]. 新闻知识，2011（4）：8-10.

［215］逃生过程也伤亡？意大利触礁事件中的恐慌［EB/OL］. 2012-01-17［2020-08-01］. http：//blog. sciencenet. cn/blog-302992-529555. html.

［216］田枫，彭学涛. 突发公共事件中网络舆情危机的治理［J］. 吉林人大，2010（5）：21-22.

［217］田玉敏. 恐慌情况下人群心理及行为规律的探讨［J］. 人类工效学，2008，14（1）：48-50.

［218］童辉杰. "非典（SARS）"应激反应模式及其特征［J］. 心理学报，2004，36（1）：103-109.

［219］汪小帆，李翔，陈关荣. 复杂网络理论及其应用［M］. 北京：清华大学出版社，2006.

［220］王欢. 群体恐慌心理的成因及其消弥——从"非典"流行事件解读群体心理［J］. 北京邮电大学学报：社会科学版，2003，5（3）：1-4.

［221］王俊峰. 谣言传播的 Potts 模型中相变特性的研究［D］. 武汉：华中科技大学，2004.

［222］王敏. 太湖水污染事件［J］. 化学教学，2008（2）：74-75.

［223］王晓虹，林春. "非典"时期恐慌情绪的心理机制及其调适［J］. 军医进修学院学报，2003，24（3）：173-174.

［224］王亚楠. 突发事件背景下恐慌蔓延机理与影响因素研究［D］. 武汉：武汉理工大学，2017.

［225］韦柳. 从甲型 H1N1 流感疫情看高职院校心理危机管理［J］. 传承，2009（5）：114-115.

［226］为了"好玩"自称感染新冠引发居民恐慌　安徽芜湖一男子被拘留 6 日［EB/OL］. 2021-01-15［2021-01-17］. https：//new. qq. com/omn/20210115/20210115A0ABIE00. html.

［227］魏玖长，周磊，赵定涛. 基于 BASS 模型的危机信息扩散模式

[J]. 系统工程，2011，29（9）：16-22.

[228] 我省多地公安机关查处涉新冠肺炎疫情网络谣言 [EB/OL]. 2021-01-15 [2021-01-17]. https://www.thepaper.cn/newsDetail_forward_10816724.

[229] 吴兵，风铁群. 媒介恐慌对社会的影响及启示 [J]. 军事记者，2010（8）：56-57.

[230] 西蒙. 管理行为 [M]. 杨砺，译. 北京：北京经济学院出版社，1988.

[231] 夏征农. 辞海 [M]. 上海：上海辞书出版社，1999.

[232] 晓德. 中国人，慌什么 [J]. 中国减灾，2011（12）：48.

[233] 谢晓非，郑蕊，谢冬梅，等. SARS 中的心理恐慌现象分析 [J]. 北京大学学报：自然科学版，2005，41（4）：628-639.

[234] 心理应激与生理应激 [EB/OL]. 2007-12-27 [2021-02-08]. http://www.360doc.com/content/07/1227/13/2311_928333.shtml.

[235] 刑婷，朱旭东，王骏勇. 谣言，把上万人推向逃亡路？[N]. 中国安全生产报，2011-02-15（004）.

[236] 邢婷. 谣言引发的万人逃亡事件 [J]. 中国减灾，2011（2）：20-21.

[237] 宣慧玉，张发. 复杂系统仿真及应用 [M]. 北京：清华大学出版社，2008.

[238] 薛澜，张强，钟开斌. 危机管理 [M]. 北京：清华大学出版社，2003.

[239] 寻踪 NO. 16 响水谣言事件：政府能力的一次大考 [J]. 重庆社会科学，2011（3）：109-121.

[240] 燕凌. 网络谣言引发印度东北部人大逃亡带给人们什么启示？[J]. 红旗文稿，2012（17）：39.

[241] 杨春妮. 西安市大学生群体应激行为管控研究 [D]. 西安：西安建筑科技大学，2016.

［242］杨魁，刘晓程. 危机传播研究新论［M］. 北京：中国社会科学出版社，2011.

［243］杨伟利. 印度博帕尔毒气泄漏事件［J］. 环境，2006（1）：100-101.

［244］杨亚萍. 浅谈负面事件的“被传播”与媒体的舆论引导［J］. 新闻世界，2011（7）：297-298.

［245］杨治良. 简明心理学辞典［M］. 上海：上海辞书出版社，2007.

［246］谣言的传播：为什么 1938 年的“火星人入侵”引发了美国人的恐慌？［EB/OL］. 2020-06-11［2020-06-19］. https：//3g. 163. com/news/article/FES2GVQH0543HIJQ. html？ from=history-back-list.

［247］谣言引发恐慌：巴格达踩踏幕后黑手 3 大说法［EB/OL］. http：//news. sohu. com/20050901/n226839230. shtml.

［248］谣言引发土著大逃亡　印度管理部门颁发短信群发禁令［EB/OL］. 2012-08-20［2020-07-31］. http：//www. chinanews. com/gj/2012/08-20/4117825. shtml.

［249］一个谣言引发的悲剧？［EB/OL］. 中国网，2013-10-14［2020-06-19］. http：//finance. china. com. cn/roll/20131014/1869486. shtml.

［250］意大利两次地震致逾万人无家可归，恐慌情绪蔓延［EB/OL］. 2012-05-31［2020-08-31］. https：//news. qq. com/a/20120531/000648. htm.

［251］应激［EB/OL］. 2020-06-10［2021-02-02］，https：//baike. baidu. com/item/%E5%BA%94%E6%BF%80/1349448？ fr=aladdin.

［252］应激行为［EB/OL］. 2013-03-29［2021-02-08］. https：//baike. baidu. com/item/%E5%BA%94%E6%BF%80%E8%A1%8C%E4%B8%BA/216158？ fr=aladdin.

［253］禹卫华. 从手机谣言到恐慌行为：影响因素与社会控制——基于第三人效果框架的历时研究［J］. 新闻与传播研究，2011（6）：57-64.

［254］ 张芳，司光亚，罗批. 谣言传播模型研究综述 ［J］. 复杂系统与复杂性科学，2009，6 （4）：1-10.

［255］ 张国平. 论群体恐慌事件的新闻处理——以乌鲁木齐针刺事件为例 ［J］. 新闻爱好者：上半月，2010 （3）：75-76.

［256］ 张玲，王洁，张寄南. 转基因食品恐惧原因分析及其对策 ［J］. 自然辩证法通讯，2007，28 （6）：57-61.

［257］ 张萍. 平安中国，平安集会 ［J］. 公关世界：下半月，2010 （9）：24.

［258］ 赵霖，冯振翼，安建民. 美国突发公共卫生事件应急管理体系一瞥 ［J］. 继续医学教育，2007，21 （30）：7-9.

［259］ 甄炳禧. 911 事件对美国经济影响 ［EB/OL］. ［2014-3-5］. http：//www. people. com. cn/GB/news/6056/20011023/588220. html.

［260］ 钟永光，毛中根，翁文国，等. 非常规突发事件应急管理研究进展 ［J］. 系统工程理论与实践，2012，32 （5）：911-918.

［261］ 周晓虹. 风险社会中的谣言、流言与恐慌 ［J］. 南京医科大学学报：社会科学版，2011 （6）：413-417.

［262］ 朱建国. 大学生突发灾害恐慌心理的应对 ［J］. 卫生职业教育，2009，27 （11）：154-155.

［263］ 朱旭东，王骏勇. 一则 "谣言" 何以引发 "万人出逃" ［N/OL］. 新华每日电讯，2011-02-13 （1） ［2014-4-19］. http：//news. xinhuanet. com/mrdx/ 2011-02/13/c_ 13729961. htm.

［264］ 祝江斌，王超，冯斌. 城市重大突发事件的扩散机理刍议 ［J］. 华中农业大学学报：社会科学版，2006 （5）：65-68.

［265］ 邹游. 集群运动同步与恐慌人群疏散研究 ［D］. 中国科学技术大学，2016.

［266］ 左玮娜. 网络谣言传播研究 ［D］. 北京：中国社会科学院，2006.